Cuando

Dios

ve tus lágrimas

Libros de Cindi McMenamin publicados por Portavoz

Cuando Dios ve tus lágrimas: Te conoce, te escucha, te ve

*Cuando una mujer se siente sola: Encuentra fortaleza
y esperanza en tu vida*

Cuando *Dios* ve tus lágrimas

TE CONOCE,
TE ESCUCHA, TE VE

CINDI McMENAMIN

EDITORIAL
PORTAVOZ

La misión de *Editorial Portavoz* consiste en proporcionar productos de calidad —con integridad y excelencia—, desde una perspectiva bíblica y confiable, que animen a las personas a conocer y servir a Jesucristo.

Título del original: *When God Sees Your Tears,* © 2014 por Cindi McMenamin y publicado por Harvest House Publishers, Eugene, Oregon 97402. Traducido con permiso.

Edición en castellano: *Cuando Dios ve tus lágrimas,* © 2015 por Editorial Portavoz, filial de Kregel Publications, Grand Rapids, Michigan 49505. Todos los derechos reservados.

Traducción: Rosa Pugliese

Este libro contiene historias en las cuales la autora ha cambiado los nombres de las personas y algunos detalles de sus situaciones a fin de proteger su privacidad.

A menos que se indique lo contrario, todas las citas bíblicas han sido tomadas de la versión Reina-Valera © 1960 Sociedades Bíblicas en América Latina; © renovado 1988 Sociedades Bíblicas Unidas. Utilizado con permiso. Reina-Valera 1960™ es una marca registrada de la American Bible Society, y puede ser usada solamente bajo licencia.

El texto bíblico indicado con «NTV» ha sido tomado de la Santa Biblia, Nueva Traducción Viviente, © Tyndale House Foundation, 2010. Usado con permiso de Tyndale House Publishers, Inc., 351 Executive Dr., Carol Stream, IL 60188, Estados Unidos de América. Todos los derechos reservados.

El texto bíblico indicado con "LBLA" ha sido tomado de La Biblia de las Américas, © 1986, 1995, 1997 por The Lockman Foundation. Todos los derechos reservados.

El texto bíblico indicado con "NVI" ha sido tomado de *La Santa Biblia, Nueva Versión Internacional*®, copyright © 1999 por Biblica, Inc.® Todos los derechos reservados.

El texto bíblico indicado con "DHH" ha sido tomado de versión *Dios habla hoy,* © 1966, 1970, 1979, 1983, 1996 por Sociedades Bíblicas Unidas. Todos los derechos reservados.

El texto bíblico indicado con "NBLH" ha sido tomado de Nueva Biblia Latinoamericana de Hoy, © 2005 por The Lockman Foundation. Todos los derechos reservados.

El texto bíblico indicado con "BLP" ha sido tomado de La Palabra, © 2010 por Sociedad Bíblica de España. Todos los derechos reservados.

Las cursivas en los versículos bíblicos son énfasis de la autora.

EDITORIAL PORTAVOZ
2450 Oak Industrial Dr. NE
Grand Rapids, Michigan 49505 USA
Visítenos en: www.portavoz.com

ISBN 978-0-8254-5635-0 (rústica)
ISBN 978-0-8254-6443-0 (Kindle)
ISBN 978-0-8254-8580-0 (epub)

2 3 4 5 / 19 18 17 16

Impreso en los Estados Unidos de América
Printed in the United States of America

Para cada apreciada lectora que me ha escrito, me ha enviado
un correo electrónico o me ha venido a ver para preguntarme:
"¿Dónde está Dios cuando sufro?".
Sus historias, sus momentos de fragilidad, sus lágrimas
—y el Dios que ha visto cada una de ellas—
son la inspiración que me ha llevado a escribir este libro.

Y
para Alina, Amanda y Helena.
No puedo ni imaginar la profundidad del sufrimiento
que las han llevado a conocer al Señor...
pero tengo el privilegio de poder contar sus historias
y ayudar a cada una de ustedes a dejar el legado
de una fe inquebrantable en Cristo.

Reconocimientos

Gracias, Shane White de Harvest House Publishers, por haberme presentado tu visión para este libro titulado *Cuando Dios ve tus lágrimas*. Tu carga y tu pasión por este libro y por las mujeres que serían inspiradas por él han motivado mi corazón a escribirlo y me ha llevado a experimentar a Dios de una manera más profunda. Mi oración es que *Cuando Dios ve tus lágrimas* no solo llegue a las manos de las mujeres que esperabas, sino que Dios lo utilice de una manera mucho más abundante de todo lo que tú y yo podamos pedir o imaginar, para su gloria.

Y gracias a mi esposo, Hugh, por trabajar duro y ministrar a tu esposa, tu hija e infinidad de otras personas todos estos años como pastor, maestro, consejero, oyente y amigo; de tal manera que yo pudiera tener la libertad y la flexibilidad para escribir desde mi corazón. Mi ministerio es nuestro ministerio… en todo momento.

Contenido

Cuando se te caen
las lágrimas

¿Dónde está Dios cuando sufro?

Sé que te has hecho esta pregunta. Tal vez, no conscientemente, pero en lo profundo de tu corazón te preguntas a veces si Dios realmente se preocupa y te escucha cuando clamas a Él.

¿Por qué no ha intervenido para socorrerte? ¿Por qué no te ha dado lo que le has pedido? ¿Por qué todavía sigues orando y derramando lágrimas?

Yo me he hecho las mismas preguntas: cuando mis padres se divorciaron, cuando perdí al hombre con el que pensé que me casaría, cuando luchaba para tratar de tener un hijo y cuando pasé por etapas de soledad. Sé sin duda alguna que Dios nunca me ha dejado. Pero hubo veces en las que no hubiera querido seguir derramando lágrimas y aún hoy me sigue pasando.

En todos estos años, nunca he escuchado la voz audible de Dios en respuesta a una de mis preguntas. Pero muchas veces, en medio de los días largos y las noches solitarias de mi vida, he sentido su presencia reconfortante, que me asegura que Él ve todo y sabe lo que sucederá y que Él *puede* fortalecerme para seguir adelante.

No pretendo saber qué ha causado *tus* lágrimas o qué hay en tu corazón mientras sostienes este libro en tus manos. Pero creo que la raíz de tu dolor es un pasado de heridas no sanadas, un sueño no concretado, una dolorosa decepción o la pérdida de algo o alguien muy amado. De alguna manera, sientes que la vida se ha acabado para ti. Sin embargo, no estás sola ni eres víctima del antojo del destino o de tus circunstancias.

En el Salmo 56:8, David, el salmista, el muchacho pastor y rey, escribió:

> Mis huidas tú has contado;
> Pon mis lágrimas en tu redoma;
> ¿No están ellas en tu libro?

Dios no solo sabe cuántas lágrimas has derramado, sino que las recoge, de modo que ninguna de ellas cae sin que Él lo note. Las Escrituras también dicen que Dios ha escrito en su libro todos los días de tu vida y que sus pensamientos de ti son preciosos y tantos que no se pueden contar (Sal. 139:16-18). El mismo Jesús dijo en Mateo 10:30 que aun los cabellos de tu cabeza están contados.

Dios tiene pleno conocimiento de todos los detalles de tu vida. Él te conoce. Te escucha. Te ve. Y en su infinito conocimiento de ti, evidentemente, considera de más valor las lágrimas que hoy derramas y tu bien eterno, que darte lo que estás esperando.

Como mujeres, es fácil perdernos en medio de nuestro drama y no ver la verdadera historia de transformación: la historia que Dios está entretejiendo en nuestra vida sobre Él y lo que Él puede hacer cuando le entregamos nuestras lágrimas. A través de las páginas de este libro quiero animarte a confiar en que Dios está escribiendo la historia de tu vida… una historia que quizás esté pasando por una etapa conflictiva o un momento crítico. Sin embargo, Dios está escribiendo un capítulo concluyente, y estoy convencida de que te dejará boquiabierta, aunque en este momento te parezca casi imposible. Estoy convencida de que cuando le entregamos nuestra historia a Dios de principio a fin, lágrimas y todo, Él toma nuestros anhelos —y nuestras pérdidas— y los convierte en un legado.

Yo quiero dejar un legado en mi vida, no importa las lágrimas que haya derramado. Y creo que, al fin y al cabo, este también es tu objetivo: vivir bien, agradar a Dios en todas las cosas y ejercer influencia sobre otros de tal manera que sus vidas sean transformadas. Sin embargo, en medio de las luchas de la vida diaria, es natural que a veces solo queramos ser felices y sentirnos realizadas.

Hace treinta años que ayudo a las mujeres a establecer objetivos importantes en sus vidas. Y, francamente, veo que muchas veces nuestro principal objetivo en la vida no es tan importante. Desear casarnos o la satisfacción matrimonial no es suficiente. Desear un bebé o criar hijos buenos y respetuosos, o que nos recuerden como madres ejemplares o mujeres generosas no dejan de ser cosas superficiales. Nuestro objetivo no puede ser tan solo hacer un sueño realidad o hacernos de una buena reputación o lograr lo que nosotras —o el mundo que nos rodea— consideramos que es el éxito. Dios quiere algo más de tu vida y la mía. Él quiere que nuestras vidas sean historias que le rindan gloria y alabanza. Como nuestro Creador, esta es su prerrogativa. Pero aquí está el secreto: ¡cuando rendimos gloria a Dios con nuestra vida, sentimos una inmensa felicidad también!

Quiero recordarte en estas páginas que el resultado o el desenlace final de lo que Dios está haciendo en tu vida a través del dolor no es lo único que a Él le interesa. A Él también le interesa lo que te está pasando en el proceso de formación que estás atravesando *en este momento*. No dejes de ver la maravilla de lo que Dios está haciendo en ti en este momento, con tus ojos puestos en el día en el que todo tendrá sentido. Atesora lo que puedas aprender en el aquí y ahora, y experimenta el gozo de atravesar este proceso.

Mientras te preparas para recorrer junto a mí las páginas de este libro, quiero que te aferres a esta consoladora revelación: Dios ama el corazón quebrantado. A Él no le agrada que tengamos que pasar por la *experiencia* del quebrantamiento, pero le agrada lo que sucede cuando estamos quebrantadas, cuando nos dejamos moldear, cuando estamos completamente vacías y desesperadas por Él. Es entonces, cuando Él puede llenarnos con lo que más quiere que poseamos: ¡su misma presencia!

En las páginas siguientes, te contaré la historia de una mujer de la Biblia, que anhelaba algo con tanta desesperación, que, a pesar del costo, se lo ofreció nuevamente a Dios. Veremos qué la llevó a estar tan desesperada, cuál fue su "trato" con Dios y cómo le respondió Dios. También veremos el legado que Dios puso en su vida a través de su anhelo y su consiguiente pérdida.

A lo largo de este libro, también te daré a conocer historias de mujeres como tú, que han clamado a Dios —muchas veces con enojo y confusión— en sus momentos de estrés, en sus dificultades, en su dolor inexplicable o en una pérdida irreparable. Algunas de ellas han visto a Dios intervenir en sus vidas de manera extraordinaria. Otras todavía están esperando ver por fe, que Dios transformará lo que están atravesando para su "bien". Pero todas ellas han experimentado la presencia y el poder de Dios en cada lágrima derramada.

Conocerás a mujeres que han deseado tener un hijo y que han visto a Dios hacer lo imposible. Mujeres que han perdido a su esposo y han visto a Dios asumir ese rol en sus vidas. Mujeres que han recibido el diagnóstico de una enfermedad terminal y, que a pesar de todo, descubrieron el gozo del Señor. Y el secreto de su gozo puede ser tuyo también.

Al conocer estas mujeres, te convencerás de que, cuando Dios ve tus lágrimas (o mejor dicho, ya las ha visto), hay esperanza. Cuando Dios ve tus lágrimas, hay consuelo. Cuando Dios ve tus lágrimas, hay transformación. Y cuando Dios ve tus lágrimas, Él comienza el proceso de convertir tu dolor en esperanza y tu pérdida en un legado. ¿Estás lista para descubrir cuál puede ser ese legado? Tal vez solo necesites consuelo y esperanza para llegar al final de este día. Cualquiera que sea el anhelo de tu corazón, quiero ayudarte. Apreciada lectora, toma mi mano y acompáñame a transitar este recorrido, y espero que te dé alivio, esperanza y lágrimas de gozo al recibir una mayor revelación de este Dios que te ama y desea que finalmente llegues a ser la mujer que Él ha diseñado que seas.

Dios *puede* transformar tu pérdida en un legado. Déjame mostrarte *cómo*...

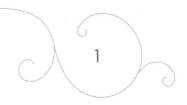

La pieza que falta

Cuando sientes un vacío

Sin embargo, a Ana, aunque la amaba,
solo le daba una porción selecta
porque el Señor no le había dado hijos.

1 Samuel 1:5 (ntv)

Sé que puedes sentir un vacío. Es probable que por eso hayas elegido este libro. Te falta algo —o alguien— en la vida. Y sufres.

Todas sentimos un vacío a veces. Para algunas mujeres, es un vacío grande y doloroso en el corazón por la ausencia de algo que han anhelado toda su vida o por la pérdida de algo —o de alguien— sin lo cual sienten que no pueden vivir. Las obsesiona y mortifica. Para otras, es una pequeña herida supurante, que les sigue recordando, de tanto en tanto, que les falta algo.

Lisa es una mujer que nunca pensó que podía llegar a sentir un vacío en su vida. Hasta que sintió que lo había perdido todo.

Lisa se sentía la muchacha más dichosa de la tierra el día de su boda cuando estaba frente al altar e intercambiaba sus votos con "Javier", el hombre a quien amaba y con el que pensaba pasar el resto de su vida. Apenas había cumplido veinticinco años y era una reciente esposa con mucha ilusión de ser feliz para siempre en su matrimonio.

"Ni me imaginaba lo que me esperaba en nuestra primera semana de casados", dijo Lisa.

Dejaré que ella cuente su historia con sus propias palabras:

"A los pocos días, descubrí que mi esposo tenía una gran adicción a los narcóticos. No podía hacer nada sin ellos. Como recién casada, me dolió y me confundió mucho descubrir eso, y no sabía qué hacer. Solo seguía pensando: *No puedo perderlo. Lo amo demasiado.* Además, ¿qué haría sin él?".

"Así que en vez de acudir a Dios con fe para recibir dirección y sabiduría sobre cómo manejar eso, recurrí a mi propia fortaleza y traté de salvar mi matrimonio por mis propios medios. Empecé a trabajar más de noventa horas a la semana para pagar las cuentas mientras mi esposo, que no estaba en condiciones de trabajar, trataba de dejar su adicción. Fueron casi tres meses de peleas y lágrimas constantes y ni siquiera sentía que estuviera casada, mucho menos recién casada. Una vez que él se desintoxicó, las cosas empezaron a parecer esperanzadoras, hasta que me di cuenta de que él era una persona completamente diferente cuando no tenía acceso a las drogas".

"Parecía indiferente y distante. De hecho, nunca más me volví a sentir amada. Me sentía usada y nada más que un objeto para satisfacer sus necesidades físicas y sexuales, lo cual empezó a generar resentimiento en mí. Trabajaba todo el tiempo, y todos los días le pedía que me ayudara; pero cuando volvía del trabajo encontraba una casa desordenada, tres perros para atender y una sensación de agotamiento y desesperación por falta de sueño. Javier empezó a trabajar en la granja de una familia amiga (por muy poco dinero), y después de eso, apenas lo veía. Le llegué a suplicar que al menos estuviera en casa cuando yo volvía del trabajo para que pudiéramos pasar un breve tiempo juntos por la noche".

"Luego, a los cuatro meses de habernos casado, descubrí que estaba embarazada. Él parecía entusiasmado con la noticia hasta que mencioné que él debía empezar a buscar un trabajo estable, que tuviera un pago regular. Después de un mes, me diagnosticaron Lieden, factor 5: un trastorno en la coagulación de la sangre, que provoca complicaciones durante el embarazo. De repente, me encontré con un embarazo de alto riesgo sin poder trabajar más de cuarenta horas por semana ni levantar más de diez kilos. Una vez que Javier supo que yo no podía seguir siendo el sostenimiento financiero de los dos, todo lo que hacíamos era discutir y todo lo que yo hacía era llorar".

"Pasó otro mes y Javier se volvió aún más distante. Cuanta más ayuda le pedía, más intratable se ponía. Así que regresó a vivir con sus padres y me dejó sola con las responsabilidades financieras. Yo le enviaba mensajes de texto y lo llamaba todos los días para que volviera a casa. Mi familia trató de ayudarnos y empezamos una terapia de consejería matrimonial. Después que Javier y yo asistimos a tres sesiones, me tuvieron que hospitalizar y ya no pude pagar la consejería. Cuando le pedí a Javier que pagara la consejería, se negó. Poco después, tuve que mudarme a la casa de mi madre porque ya no podía pagar la renta debido a todas las cuentas médicas que había acumulado, además de los gastos de la vida diaria que todavía trataba de afrontar sola".

"Tras suplicar a Javier que tratáramos de buscar una solución juntos y que al menos tratara de conseguir un trabajo para que pudiéramos ser una familia, me dijo que ya no me amaba y que nunca volveríamos a ser una familia. Me dijo que dejara de llamarlo y de enviarle mensajes de texto. Lo que sí me dijo es que quería ser parte de la vida de nuestro hijo, pero desde aquella respuesta nunca volví a saber nada más de él".

"Cuando todo esto empezó, yo batallaba con pensamientos como *¿Por qué me está pasando esto? Señor, yo lo amo: ¿Por qué me lo quitas especialmente ahora que estoy embarazada? ¿Por qué no permitiste que esto se terminara antes que llegara el bebé?*".

"Lloré mucho y me sentía sola y desesperada. Recuerdo que detestaba la vida. Cada día que pasaba sin saber nada de Javier era mucho más doloroso. Empecé a asistir a la iglesia con mi familia y, para ser sincera, en ese momento no sabía si detestar a Dios o correr hacia Él para que me ayude. Era una mujer desdichada".

¿Qué mujer espera estar embarazada, abandonada y desesperada tan solo a los seis meses de su boda? Lisa estaba viviendo lo que parecía ser una pesadilla. Al sentir que no tenía otra opción ni otro lugar a donde ir, finalmente, le abrió su corazón a Dios.

"Estaba amargada —dijo ella—. No quería vivir. Perdí a mi esposo. Perdí mi trabajo. Perdí mi casa. Casi pierdo a mi perro. Casi pierdo a mi bebé. Fue una derrota tras otra. Le dije a mi mamá que quería recuperar mi vida y volver a sentirme normal. Mi mamá estuvo a mi lado y me dijo que sabía que lo que estaba atravesando era difícil, pero que necesitaba entregarle mis circunstancias a Dios, abrirle mi corazón y confiar en Él en medio de todo lo que me estaba sucediendo".

Lisa encontró una salida

Una vez que Lisa empezó a entregarle su dolor a Dios en vez de reprimirlo y guardárselo, empezó a salir de su crisis de desaliento.

"Empecé a abrirle mi corazón a Dios y a leer su Palabra en busca de esperanza", dijo Lisa. Y comenzó a ver la intervención de Dios —y su provisión— en cada una de sus circunstancias.

Unos meses antes del nacimiento de su bebé, Lisa dijo:

"En este momento, mi mamá, mi hermano y yo estamos muy unidos y queremos servir al Señor, no importa cuán dura sea la vida. Estamos luchando para llegar a fin de mes con lo que ganamos. Dentro de poco nacerá mi bebé y no tenemos dinero para terminar la habitación de abajo, ni mencionar para los alimentos y el combustible de esta semana. Sin embargo, tengo tanta paz de saber que Dios tiene el control de mi vida que ni siquiera lo puedo describir. Dios me ha dado todo lo que necesito. Todavía está escribiendo mi historia. Sí, a veces me asusto y lloro y me siento sola, pero ahora, cuando me siento así, alabo a Dios por las bendiciones que me ha dado. Tengo una casa donde vivir, un auto para conducir, un trabajo de donde recibo ingresos, pero más que nada, una familia y un Dios amoroso que nunca me dejará ni siquiera cuando me equivoco o me aflora el orgullo. Él siempre hará que las circunstancias de mi vida resulten para bien".

Aunque en ese momento sus circunstancias eran inciertas, Lisa estaba poniendo su esperanza en la certeza de su Dios y en sus antecedentes de fidelidad: "Dios me va a sacar de la oscuridad. No sé qué me depara el futuro, pero mi confianza está solo en Él, ¡y esto es muy liberador! Alabo a Dios por haberme llevado nuevamente a Él, y oro para que me siga guiando y enseñando para que pueda ser la madre que mi hijo necesita y a quien pueda admirar. Me asusta pensar en el día de su nacimiento, pero sé que mi hijo no es mío, sino de Dios. Es difícil entregarle ese miedo a Dios, pero Él tiene un plan y Jesús no me fallará. Él me ayudará. Ninguna vida está más segura que una vida rendida a Dios".

A pesar del estrés que Lisa estaba experimentando y las complicaciones con el trastorno de coagulación de su sangre, un mes de hospitalización, la orden de hacer reposo absoluto y el constante monitoreo de su embarazo a partir de la semana 26, Lisa pudo llevar a cabo un embarazo de 37 semanas y dar a luz a un pequeño bebé de 2.5 kg, a quien le puso por nombre Samuel Isaías, debido al consuelo que encontró durante su embarazo en la historia bíblica de Ana y su hijo Samuel, y en el libro de Isaías.

Aun ahora, Lisa puede ver las bendiciones que Dios ya ha derramado sobre su vida y la vida de su pequeño Samuel. "Cada vez que llevo a mi bebé a su control médico, la doctora se asombra. Ella dice que Samuel es el bebé más sano que jamás haya visto, considerando todos los problemas que he tenido durante el embarazo".

¿Sigue Lisa clamando a Dios con la confianza de que Él ve sus lágrimas? ¡Desde luego!

"Dios es fiel y sé que Él me ama".

"Hace mucho tiempo que no sé nada de mi esposo. He estado orando y confiando en que Dios tiene un plan para nuestra vida. Mi mamá y mi hermano e incluso amigos de la iglesia me han brindado tanto apoyo que en este momento lo único que puedo hacer es dar gracias a Dios por todo, aun a pesar de mi deseo de que mi esposo esté a mi lado. Dios es bueno, amoroso y misericordioso, y conoce el corazón de mi marido. Todo lo que yo puedo hacer es confiar".

Aunque el esposo de Lisa está ausente en su vida, ella se da cuenta de lo que Dios le ha dado mientras tanto: "En este momento, la respuesta de Dios no es un sí a restaurar mi matrimonio, sino un sí a restaurar mi fe y confianza en Jesús. Cada vez que me siento derrotada y empiezo a preocuparme por las cosas, por lo que va a pasar con la custodia de mi hijo, cómo voy a pagar los honorarios de un abogado o incluso cómo voy a pagar los pañales, alabo a Dios, escucho alabanzas, cito pasajes de las Escrituras y leo su Palabra así como libros de edificación. Lleno mis pensamientos de Él, en vez de pensar 'qué pasa si…'. No es fácil y todavía me falta mucho, pero Dios es fiel y sé que Él me ama".

A lo largo de su prueba, incluso su esposo que la abandonó, su embarazo de alto riesgo y la incertidumbre sobre su futuro, Lisa ha declarado Isaías 49:15-16 como la promesa de Dios para su vida:

> ¿Se olvidará la mujer de lo que dio a luz, para dejar de compadecerse del hijo de su vientre? Aunque olvide ella, yo nunca me olvidaré de ti. He aquí que en las palmas de las manos te tengo esculpida; delante de mí están siempre tus muros.

"Aunque no tengo idea de lo que me depara el futuro, sé que Dios tiene un plan y un propósito para mi vida y me ayudará a seguir corriendo la carrera aun cuando me siento derrotada", dijo Lisa.

Al momento de escribir este libro, a tan solo un año del día de su boda, Lisa sostiene a su hijo (a quien llama "mi pequeño maní") en sus brazos y enfrenta la vida como una madre soltera, que confía en el Padre celestial, que es un Padre suficiente para su hijo y la protege, la ama y siempre estará a su lado para ayudarlos.

"La semana pasada nos quedamos sin pañales. Y alguien [una antigua amiga de su madre], que no sabía que se nos habían terminado, nos regaló tres paquetes de pañales justo a tiempo. Cuando le pregunté cómo lo supo, dijo que estaba orando y sintió el impulso de traer pañales para el bebé. Algo que aprendí el año pasado es a depender totalmente de Dios y no dejar que el orgullo me impida recibir la ayuda que me ofrecen. Dios quebró en mí el orgullo de no querer que los demás se enteren de que necesito ayuda. Desde que empecé a admitir delante de Dios que necesito su ayuda —y la ayuda de otros— toda mi vida cristiana ha cambiado".

Por qué nos toca sufrir

Piensa un poco. Si nos sintiéramos plenas en todo sentido y nuestra vida fuera sencillamente maravillosa, *¿necesitaríamos* realmente a Dios? Desde luego que sí. Nuestra propia existencia depende de Él, y sin fe y confianza en Cristo, no podemos ser rectas delante de un Dios santo, mucho menos comportarnos en la vida de una manera que le agrade y alcanzar el potencial para el cual fuimos creadas. Pero es parte de la naturaleza humana olvidarnos de Dios —y de nuestra verdadera necesidad de Él— cuando todo en nuestra vida es maravilloso. Y Dios lo sabe. Él sabe que cuando estamos muy bien —física, emocional y financieramente— somos menos propensas a depender de Él para nuestra protección, provisión y sabiduría para tomar las decisiones correctas. Dios sabe que si no pasamos por cierta clase de sufrimiento, frustración o *desesperación*, no nos aferraremos a Él. Y Él sabe qué hace falta en cada una de nuestras vidas para que reconozcamos el vacío enorme que tenemos dentro… y permitamos que Él lo llene.

Como seres humanos imperfectos, solemos pensar que sabemos cómo llenar ese vacío, esa pieza que falta en nuestra vida. Para ti podría ser el amor que estás anhelando. Para tu amiga podría ser la unión o la armonía emocional que está buscando en su matrimonio. Para las mujeres que trabajan contigo podría ser el hijo que anhelan tener en sus brazos. Aun para otras podría ser un sueño que anhelan hacer realidad, una medida de éxito que esperan alcanzar o un propósito emocionante que sienten que aún deben descubrir.

Cada mujer tiene una definición diferente de la pieza que falta en su vida; ese deseo cumplido que cree que la hará sentir realizada y plena. Sin embargo, Dios ve que en nuestra vida falta una pieza mucho más extraordinaria y de consecuencias mucho más eternas que las soluciones temporales que buscamos. Él ve que todavía necesitamos experimentar una mayor dependencia de Él, una transformación que ha estado esperando llevar a cabo, un legado que quiere que dejemos al morir, una vasija de posible gloria para Él que sabe cómo usar mejor.

A los veintidós años, creía que la pieza que me faltaba era un esposo que me hiciera sentir plena. Todas mis conocidas y amigas se comprometían y se casaban, y yo acababa de cortar una relación de noviazgo de cuatro años. Recuerdo ese dolor y el temor a pasar toda una vida de soledad. Ahora, al mirar atrás, veo lo joven y ridícula que era para tener tanto temor de quedarme sola para el resto de mi vida. Pero, en ese momento, el dolor —y el temor— era intenso.

Conocí a Hugh ese mismo verano, y nos comprometimos y nos casamos al año de habernos conocido. En ese momento, yo tenía una carrera profesional, un esposo y una promesa de vivir felices para siempre. Por lo tanto, me imaginaba que era todo lo que necesitaba para vivir contenta durante el resto de mi vida. Pero después de cuatro años de matrimonio (¡incluso, con un pastor!), me di cuenta de que un hombre no puede llenar los rincones profundos de mi alma de la manera que Dios lo hace. Tuve que descubrir que mi satisfacción y mi sentido de la realización solo provienen de Él.[1] Y cuando le damos al Señor el primer lugar en nuestra vida, Él tiene la manera de llenarnos de gozo y fortaleza, así como lo hizo con Lisa.

Dentro de cada mujer hay un vacío que clama por la realización personal. Tú no eres la única que siente eso: el vacío de expectativas no cumplidas o el fracaso de un matrimonio o la muerte de

---

1. Para saber más sobre este concepto, lee mi libro *Letting God Meet Your Emotional Needs* (Eugene, OR: Harvest House Publishers). Está disponible solo en inglés en mi sitio web: www.StrengthForTheSoul.com.

un hijo o la pérdida de un sueño o el deseo por ese "algo más". Es esa parte de nuestra vida que sentimos que será plena *si tan solo...* Y Dios es el único que puede llenar ese vacío de aquello que le estamos pidiendo. Pero, a veces, a fin de lograr que busquemos a Dios, Él decide no hacerlo. Ese fue el caso de Ana.

La pieza que le faltaba a Ana

Ana también sentía un vacío en su vida. Su historia está registrada en la Biblia en los primeros capítulos de 1 Samuel, y nos conmueve por la desesperación con la que clamaba a Dios por el deseo de su corazón. Ana le rogaba que llenara ese gran vacío y que le diera un hijo. Todas las mujeres que ella conocía daban a luz y criaban hijos. Pero Ana no podía concebir un hijo. Por si no conoces su historia, te daré una idea general.

Ana tenía un esposo, Elcana, que la amaba. Las Escrituras dicen que él la amaba más que a su otra esposa, Penina. Sé que esto parece extraño, pero ellos vivían en una parte del mundo donde la poligamia era culturalmente aceptable. Desde luego, no era el designio de Dios para su pueblo, pero estaba permitida por la ley judía bajo ciertas circunstancias, que podrían explicar por qué Elcana tenía dos mujeres.[2] Aunque Ana tenía el amor de su esposo, ella anhelaba algo más. Quería tener un hijo. Y vivía en una cultura donde se consideraba una vergüenza y una deshonra que una mujer no tuviera hijos. Para empeorar las cosas, la otra mujer de su esposo, Penina, tenía hijos y hacía llorar a Ana por no tener hijos.

Sigue la historia conmigo:

> Cuando Elcana presentaba su sacrificio, les daba
> porciones de esa carne a Penina y a cada uno de sus

---

2. Las circunstancias que permitían la poligamia bajo la ley judía incluían la situación en la cual el esposo de una mujer moría y el hermano de este podía tomarla como esposa, si lo deseaba, para hacerse cargo de sus necesidades. Las Escrituras no explican si esta era la razón por la que Elcana tenía dos mujeres. pero podemos suponer esto, porque Elcana era un hombre temeroso de Dios que honraba los sacrificios anuales de la ley judía.

hijos. Sin embargo, a Ana, aunque la amaba, solo le daba una porción selecta *porque el Señor no le había dado hijos*. De manera que Penina se mofaba y se reía de Ana *porque el Señor no le había permitido tener hijos*. Año tras año sucedía lo mismo, Penina se burlaba de Ana mientras iban al tabernáculo. En cada ocasión, Ana terminaba llorando y ni siquiera quería comer (1 S. 1:4-7, NTV).

El esposo de Ana trataba de consolarla y, básicamente, le decía, "¿Por qué estás tan preocupada? Me tienes a mí. ¿Qué más quieres?". (*Sé* lo que puedes estar pensando en este momento. Pero espera un poco… hablaremos del esposo de Ana en el capítulo 3). La historia continúa diciendo que Ana se calmó, comió y bebió, y luego buscó un lugar tranquilo donde abrir su corazón a Dios en oración…

e hizo el siguiente voto: "Oh SEÑOR de los Ejércitos Celestiales, si miras mi dolor y contestas mi oración y me das un hijo, entonces te lo devolveré. Él será tuyo durante toda su vida, y como señal de que fue dedicado al SEÑOR, nunca se le cortará el cabello" (v. 11, NTV).

Ana no solo le estaba pidiendo a Dios lo que creía que la haría sentir plena, sino lo que aliviaría su sufrimiento y su tormento. Le pedía a Dios que se acordara de ella, aliviara su sufrimiento y la restaurara. Su oración, básicamente, fue: "Concede mi deseo, y yo te lo devolveré para tu gloria".

Vamos a regresar a la historia de Ana a lo largo de este libro y veremos cómo Dios concedió su petición de manera tierna y sorprendente. Veremos el "pacto" sincero de Ana con Dios, cómo reaccionó ella a una malinterpretación cuando estaba haciendo ese pacto, y los riesgos que corrió —años más tarde— al cumplir ese pacto con Dios. Veremos también lo que Dios estaba preparando divinamente con todo un pueblo y que podría haber hecho que retrasara la respuesta de ese bebé a Ana por bastante tiempo, de tal modo que ella se desesperara hasta el grado de hacer un pacto con Él. Pero, por ahora, veremos una frase fundamental que podría ayudarte a entender qué puede estar haciendo Dios en *tu* vida cuando ve tus lágrimas.

Una frase inquietante

Hay una frase inquietante en el pasaje bíblico que vimos anteriormente. ¿La has notado? Esa frase del relato me impactó mucho: "porque el Señor no le había dado hijos".

Parte de esta frase nos afecta a *todas* de alguna u otra manera puesto que ha llegado a ser el relato de *nuestra* propia vida también: "*porque el Señor...*".

Estimada lectora, me sentiría mucho mejor si esa frase acerca de Ana dijera: "porque ella no podía concebir hijos". Pero ese versículo dice específicamente que *el Señor* no le había dado lo que ella tanto deseaba. Dios era el responsable de la anhelada pieza que le faltaba a Ana. El Señor no solo fue el que permitió el vacío que ella estaba sintiendo, sino el que lo *dispuso*.

Ahora bien, antes que lances el libro contra la pared y pienses: *Eso es... yo lo sabía. Dios es el responsable de mi sufrimiento*; te pido que por favor te quedes conmigo y me permitas explicártelo.

Nos gustaría pensar que Dios es responsable solo de las bendiciones y las recompensas en la vida y que, cuando enfrentamos momentos difíciles o no recibimos algo, se debe a las consecuencias naturales de una mala decisión o a las consecuencias desdichadas de vivir en un mundo caído o tal vez incluso al *castigo* de Dios por algún pecado en nuestra vida. Pero nos cuesta pensar en la posibilidad de que Dios permita —o incluso disponga— ciertas dificultades en nuestra vida. Sin embargo, esa es una de las principales maneras de Dios de despertar en nosotras nuestra necesidad de Él, profundizar nuestra dependencia de Él, moldear nuestro carácter y atraernos más a Él.

Las Escrituras dicen que Dios "todo lo [puede], y que no hay pensamiento que se esconda de [Él]" (Job 42:2). También dicen que "Toda buena dádiva y todo don perfecto desciende de lo alto, del Padre de las luces, en el cual no hay mudanza, ni sombra de variación" (Stg. 1:17). De modo que si toda dádiva proviene de Dios y tú estás orando por una "dádiva" que aún no has recibido, Dios es el que, por alguna razón, decide negarte esa dádiva. Y, a través de los años, he aprendido que algunas de las "dádivas" de Dios son esas mismas cosas que Él decide negarnos. Esas "dádivas" a veces toman la forma de dificultades, pérdidas, frustraciones y sufrimiento en general. Al principio, no las vemos como dádivas, sino más bien como decepciones, agravios o incluso rechazo. Sin embargo, son dádivas que Dios nos concede para que crezcamos y lleguemos a un nuevo nivel en nuestra vida espiritual, o para prepararnos para algo mejor que Él ha diseñado para nosotras, o tal vez incluso para ayudarnos a ver algo extraordinario de Dios que antes no podíamos ver.

Cuando la "dádiva" de Dios es un *No*

Recuerdo no querer aceptar una de las "dádivas" que Dios me estaba dando, principalmente, porque yo la veía como la negación a un deseo, no como su dádiva. No podía tener un segundo bebé (algo que los médicos actualmente definen como infertilidad secundaria). Para mí fue difícil, porque recuerdo "confesar" un versículo como promesa de que tendría otro hijo: "Nada bueno niega a los que andan en integridad" (Sal. 84:11, LBLA).

Primero resalté ese versículo en mi Biblia cuando oraba al Señor y le pedía que Hugh fuera mi esposo. "Señor, Hugh es bueno para mí y yo camino en integridad. Sin duda, no me lo negarás". Y Dios no me lo negó. Un año después de hacer esa oración, Hugh y yo nos casamos y puedo confirmar que durante los pasados veinticinco años, Hugh ha sido "bueno" para mi vida.

Por lo tanto, pensé que la misma oración funcionaría a la hora de tener un segundo hijo. "Señor, sin duda, es bueno tener otro bebé —oraba—. Seguramente, no me lo negarás". Y, sin embargo, me lo negó. Hugh y yo no pudimos tener un segundo hijo y, desde entonces, Dios me ha mostrado amablemente que un solo hijo fue, y sigue siendo, lo que Él consideró "bueno" para mí. Al parecer, lo que Dios consideró "bueno" no era que tuviera un segundo hijo, sino, en cambio, que diera a luz un ministerio de la palabra escrita y hablada. Aunque en ese entonces sentía que Dios estaba negando mi deseo, hoy puedo ver su negación como una "dádiva" que me llevó hacia una dirección diferente, conforme a su voluntad para mi vida.

A través de los años, he visto una y otra vez que lo que Dios piensa que es bueno para mí (y, a fin de cuentas, lo mejor para mi vida cristiana) podría ser totalmente distinto a lo que yo pienso. Aunque mi opinión muchas veces ha sido diferente a la de Dios en las primeras etapas de su negación (por ejemplo, conozco muchas mujeres que tienen un ministerio para mujeres y también un segundo, tercero ¡y hasta quinto hijo!), he aprendido a no cuestionar la sabiduría y las acciones de un Dios que todo lo sabe y es todo amor, y que puede dirigir mi vida mucho mejor que yo.

Hoy no tengo un segundo hijo, *porque el Señor no me lo ha dado.* Pero también puedo decir: "Estoy viviendo el sueño que Dios ha puesto en mi corazón —a través de la palabra escrita y hablada—, porque el Señor no me ha dado un segundo hijo".

Podría darte una larga lista de otras "dádivas" que he recibido de la mano de Dios pero que, originalmente, no parecían dádivas porque todas incluían la frase *porque el Señor...*

No me casé con Mike *porque el Señor cambió su corazón.*

Perdí a una buena amiga *porque el Señor la alejó de mí.*

Experimenté un tiempo de pérdidas *porque el Señor me cerró la puerta.*

Pero hay otras maneras de ver esas mismas "dádivas" (o negaciones):

Me casé con Hugh *porque el Señor cambió el corazón de Mike.*

Me evité más dolor *porque el Señor la alejó de mí.*

Hoy puedo ministrar a las mujeres *porque el Señor cerró aquella puerta*.

¿Qué frases como estas han afectado tu vida y te han hecho derramar lágrimas? ¿Eres una mujer que está donde está hoy...

...*porque el Señor cerró aquella puerta?*
...*porque el Señor cambió su corazón?*
...*porque el Señor la alejó de ti?*
...*porque el Señor no permitió que te casaras?*
...*porque el Señor no te ha sanado?*
...*porque el Señor permitió que contrajeras cáncer?*
...*porque el Señor no lo impidió?*

Amiga, Dios tiene sus razones por permitir o impedir que suceda algo en tu vida. Y no es porque no te ama o no se preocupa por ti o no escucha tus oraciones. Es muy posible que Él quiera bendecirte en otro aspecto. Y es muy posible que Él quiera que descubras que lo que tú más necesitas —la pieza que falta en tu vida— es su misma Presencia.

La pieza que faltaba en la vida de Lisa

Lisa, que ahora está criando sola a su hijo y depende de Dios en todo momento, reconoce cuál era la pieza que le faltaba desde un principio.

"Al principio pensé que la pieza que me faltaba era mi esposo. Pensé que mi vida se había terminado y que ya no podría volver a encontrar el amor ni ser feliz otra vez. Le rogaba a Dios que me lo trajera de vuelta, y no entendía por qué me estaba pasando todo esto. Pero cuando entendí la insensatez y el egoísmo de esas palabras (por estar enfocadas solo en mí), descubrí que lo que realmente me faltaba era Aquel a quien había alejado de mí durante los pasados dos años de mi vida".

"Mi madre siempre me inculcó la verdad y me enseñó que solo Jesús puede suplir y satisfacer mis necesidades, carencias y deseos. Pero era demasiado orgullosa para escucharla y terminé por dejar que las cosas y las personas equivocadas influyeran en mí.

Ahora reconozco que mi vida se ha ido desmoronando. Llegué a arrepentirme de decisiones que había tomado y de haberme vuelto autosuficiente al creer que tenía un buen empleo, que estaba casada con un hombre que pensaba que me amaba y que iba a tener una familia. Dios tuvo que despojarme de todo eso para llevarme nuevamente al lugar donde una vez había estado: a un lugar de total entrega a Jesús".

Si hace un año le hubieras preguntado a Lisa por qué su vida había tomado ese curso, te podría haber respondido, enojada o confundida: "Porque el Señor permitió que mi esposo me dejara".

Y, después de haber escuchado su historia, seguramente hubieras aceptado que esa frase había cambiado el curso de su vida.

¿Puedes confiar en Dios y en el magnífico resultado de lo que está haciendo en y a través de ti?

Pero, hoy día, Lisa no considera lo que Dios le negó, sino las bendiciones que Él le ha dado *a través* de su pérdida. Y, hoy día, la frase que describe cómo ha cambiado el curso de su vida es diferente: "Porque el Señor me ha mostrado su misericordia".

Me pregunto si incluso podría decir: "Porque el Señor se ha convertido en mi Esposo".

Lisa dice: "Sigo amando a mi esposo y lo extraño aun después de todo el mal que ha hecho. Pero a menudo me pregunto dónde estaría ahora si él se hubiera quedado conmigo. Sé que no hubiera acudido a mi Salvador, el Señor Jesús, a quien clamé en mi desesperación. Y todo el dolor y el sufrimiento que sentí y sigo sintiendo ha valido la pena porque podré dejar a mi hijo un legado de fe que no le hubiera dejado si hubiera seguido con mi esposo".

¿Comprendes?

Lisa es consciente de que la pérdida que experimentó dio origen a un legado. En medio de su prueba, ella llegó a conocer a Dios íntimamente, y ahora tiene una fe viva y confianza en el Señor que puede transmitir a su hijo.

"Dios me ha dado un varón saludable, una maravillosa bendición —dijo Lisa—. Y sin duda, Él tiene un plan para mi 'pequeño maní'. Todos los días le digo a mi hijo que crecerá y que llegará a ser un hombre de Dios fuerte y valiente".

Además, ella descansa en el hecho de que Dios tiene el control total de las circunstancias de su vida.

"Dios me ha dado un hijo por una razón. Y también hay una razón por la que mi esposo no está aquí, y no sé cuál es. Me cuesta entenderlo, pero tengo que tener siempre presente que Dios tiene el control de toda esta situación y sabe lo que está haciendo".

Cuando buscamos una razón

Forma parte de nuestra naturaleza humana tratar de saber la razón o el propósito de nuestro sufrimiento. A veces decimos "si en algún lugar alguien se beneficia en algo de lo que yo estoy atravesando, todo habrá valido la pena". Pero amiga mía, puedes estar segura de estas dos cosas:

1. *A veces no lo entenderás.* Aunque no puedas entender *cómo* puede Dios usar lo que estás atravesando, eso no significa que Él no pueda usarlo. Dios podría darte una vislumbre de lo que está haciendo y cómo está obrando. Si lo hace, dale las gracias. Él ha sido amable y te ha dado una pequeña vislumbre de su gran plan. Pero Dios no siempre nos da una pista de cómo está obrando y cómo se glorificará en nuestra vida. Él no está obligado a decirnos *cómo* está obrando o *por qué* está haciendo algo. Él no necesita nuestra aprobación ni nuestras sugerencias. Allí es donde entra nuestra confianza. Si te rindes a Dios, Él hará su voluntad en tu situación, a su tiempo y a su manera.

2. *A veces tú eres la que te beneficiarás de lo que estás atravesando.* Solemos pensar que el plan de Dios siempre implica "algo bueno en el futuro" o algo de consecuencia eterna para alguien. A veces nos aferramos a la idea de un impresionante resultado que finalmente alivie nuestro dolor o le dé un propósito a nuestro sufrimiento. Y, sin embargo, a Dios le interesa más lo que está sucediendo en ti *en*

este momento mientras tratas de explicarte las complejidades de la vida y encontrarle sentido a tu dolor. Desde luego, Él puede usar tu dolor para beneficio de la vida de otra persona o para algún beneficio aún futuro. Él es Dios y puede hacer cualquier cosa. Pero su proceso de transformación en ti es tan importante para Él como cualquier resultado final o gran beneficio que esperas comprender. ¿Puedes confiar en Dios en medio del proceso? ¿Puedes confiar en Dios y en el magnífico resultado de lo que está haciendo en y a través de *ti*? ¿Puedes poner *su* contentamiento por encima del tuyo en lo que Él está haciendo en tu vida?

Expectativas no cumplidas

Ninguna mujer joven —como Lisa— imagina que terminará siendo una madre soltera en apuros tan solo al año de haberse casado. Ninguna niña —como algunas que he conocido— espera encontrarse sin un padre o con la duda de si realmente la aman. Ninguna mujer espera llegar a los cuarenta años y darse cuenta de que pasará el resto de su vida sin un esposo, hijos o nietos. En realidad, ninguna mujer imagina anticipadamente los dolores de cabeza y las angustias que experimentará. Y, sin embargo, mira el mundo en el que vivimos y verás personas imperfectas, corazones que maquinan maldades, egoísmo, promesas rotas. Y en medio de todo eso hay Uno que, indiscutiblemente, tiene el control absoluto.

Cuando Lisa me contó su historia, su énfasis no estaba en el vacío que su esposo había dejado, sino en el vacío que el verdadero "Esposo" de su vida estaba llenando. Ese Esposo es el Señor, su Hacedor, que ha demostrado ser su Esposo espiritual, su Proveedor, su Protector y su Amigo.[3]

Lisa pudo reconocer sabiamente qué necesitaba más: una dependencia de Dios que jamás había imaginado que podría tener. Y hoy, está empezando a ver cómo Dios ha tomado una pérdida enorme en su vida y la está transformando en un legado.

3. Isaías 54:5 dice: "Porque tu marido es tu Hacedor; Jehová de los ejércitos es su nombre; y tu Redentor, el Santo de Israel; Dios de toda la tierra será llamado".

¿Y tú?

No pretendo saber cuál es tu vacío. Pero Dios sabe exactamente cuál es… y sabe que es lo único que te hará depender totalmente de Él.

Una mañana, cuando estaba orando y le pedía a Dios que llenara el vacío que seguía aflorando en mi vida como resultado de expectativas no cumplidas, recuerdo pensar que no se trataba de una petición difícil para Dios. Él podía dármelo fácilmente y en cualquier momento.

Y, sin embargo, nunca olvidaré el susurro que escuché en mi corazón aquella mañana: "Hija mía, ¿por qué habría de darte lo único que te mantiene aferrada fuertemente a mí?".

En ese momento, al "escuchar" eso, no me decepcioné al saber que Dios me volvía a decir que *no*. En cambio, quedé cautivada por su amor y su celo por mí. Mi "deseo no cumplido", en realidad, *es* lo que me mantiene de rodillas delante de Él, aferrada a Él, cerca de su corazón. Por eso, Él me sigue negando ese deseo, porque sabe qué es lo mejor para mí desde una perspectiva eterna. Él quiere seguir ocupando el primer lugar en mi corazón. Quiere que busque en *Él* lo que más necesito. Quiere *ser* el Objeto de mi deseo. Y lo es… *porque el Señor sigue negando mi petición.*

A veces me pregunto si Dios nos niega todo aquello que finalmente se convertirá en un ídolo en nuestra vida; todo aquello que podría evitar que lo pongamos a Él en primer lugar. Si Dios te da un esposo, ¿seguirás poniendo al Señor en el primer lugar de tu vida? Si Él te da un hijo, ¿ocupará tu hijo el primer lugar en tu corazón? Si Él te permite vivir tu sueño, ¿te olvidarás de Él y vivirás para ti? Si Él alivia tus preocupaciones financieras, ¿seguirás dependiendo de Él por el pan de cada día? Dios sabe qué necesitamos —y qué pieza nos debe faltar— para mantenernos aferradas a Él. Dios conoce —y permitirá o negará— todo aquello que nos mantenga en el lugar propicio para nuestra relación con Él.

En el caso de Ana, Dios le concedió un hijo. Pero, como veremos en los próximos capítulos, ella no recibió la dádiva de Dios y desapareció. Ella ofreció devolverle el mismo niño a Dios y siguió viviendo en dependencia de Él y siendo una mujer de oración. De hecho, la concesión de su deseo pudo haber profundizado su dependencia de Dios. ¿Será así con lo que le estás pidiendo a Dios? ¿Acaso el cumplimiento de tu deseo hará que dependas más del Señor?

Cualquiera que sea el vacío que experimentes, espero que no pongas tu mirada en la decepción o la desgracia que estás enfrentando, sino en la dependencia de Dios que puedes cultivar. Esa dependencia de Dios finalmente llenará todo vacío que clama por más. Amiga mía, confía en Él en medio de tus lágrimas y en medio de tu vacío. ¡Oh, Él desea llenarlo de su misma Presencia!

Permite que Dios llene tu vacío

Reflexiona en estas preguntas como una manera de procesar lo que acabas de leer y aplicarlo a tu situación.

1. En una o dos frases, trata de describir el vacío en tu vida.

2. ¿Cómo podría Dios usar tu vacío o pérdida para transformarte en una persona que dependa más de Él?

3. Considera las maneras en que Dios quiere llenar el vacío en tu vida, y lee los versículos para cada una (incluso podrías copiar los versículos para que te recuerden de qué manera quiere Dios llenar tu vacío):

- Él quiere ser tu proveedor emocional y tu Esposo espiritual.

Isaías 54:5

- Él quiere ser tu proveedor material.

Filipenses 4:19

- Él quiere ser el deleite de tu corazón.

Salmos 37:4

Mateo 22:37

- Él quiere hacerte más semejante a su Hijo

Romanos 8:28-29

Una oración de invitación

Si nunca le has entregado tu vida a Cristo ni le has pedido que llene el vacío de tu corazón, puedes hacerlo ahora (y, si ya lo has hecho, puedes adaptar esta oración y hacerla a modo de una nueva entrega y un nuevo compromiso).

Señor,

Sé que tienes un plan y un propósito para mi vida. Y quiero amoldar mi vida a tu plan y tu propósito. Pero no puedo hacerlo si sigo teniendo las riendas de mi vida. Por eso, te entrego mi corazón, mi voluntad y mi vida. Reconozco que soy pecadora por naturaleza y que nada podrá hacerme ganar el favor de Dios. Tú me aceptas solo por medio de tu Hijo Jesucristo, que es perfecto, puro y justo, y su muerte y resurrección por mí. Por eso te pido que, por la muerte expiatoria de Cristo en la cruz, limpies mis pecados. Sé el Señor de mi vida y guarda mi corazón. Ayúdame a vivir desde hoy en adelante en obediencia a ti, en amor y reconocimiento de tu tremendo sacrificio por mí, al haber permitido y *planificado de antemano* que tu propio Hijo muriera para pagar el castigo por mis pecados y preparar un lugar en el cielo para mí. Te pido que llenes el vacío de mi vida con tu misma Presencia y que seas el Objeto de mi deseo para que así puedas confiarme los deseos de mi corazón.

Gracias por conocerme, escucharme y querer que me aferre a ti sin importar la condición de mi vida. Acércame a ti y muéstrame qué significa tener una vida plena en ti.

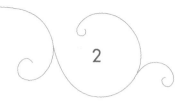

La provocación

Cuando tu corazón es atormentado

Y su rival la provocaba amargamente para irritarla,
porque el Señor no le había dado hijos.

1 Samuel 1:6 (LBLA)

Alina sabe cómo es ser atormentada. No por otra persona que se burle de ella. No por una adicción que la haya esclavizado. Sino por una enfermedad devastadora, que todas conocemos y tememos: el *cáncer*.

Primero sorprendió a su esposo en la flor de su juventud.

Alina y Ricardo, su amor de la universidad, se casaron cuando ambos tenían apenas veinte años. Él sentía pasión por Dios y el ministerio, y quería ser pastor. Estaba en su segunda iglesia, luchando para llegar a fin de mes con lo que ganaba, cuando aceptó un segundo trabajo para poder salir adelante financieramente. Alina estaba embarazada de su segundo hijo, cuando Ricardo empezó a hacerse una serie de estudios para determinar por qué no se recuperaba de lo que pensaba que era una sinusitis. Después de varios meses y diversos análisis, le diagnosticaron una enfermedad en el colón y el hígado, y le dijeron que tenía solo dos años y medio de vida. Alina recuerda el silencioso y largo viaje desde el hospital, donde su esposo debía permanecer debido a su condición.

"Aquella noche, a dos horas de distancia de mi esposo, yo estaba en la cama con mi bebé recién nacido y sostenía fuertemente a mi hijo de tres años contra mi pecho mientras clamaba a Dios. Quería que Dios salvara la vida de mi esposo para que pudiera ver crecer a nuestros hijos y para que pudiéramos envejecer juntos. Ambos teníamos veinticinco años y toda la vida por delante. No parecía justo. No. *No era justo*. Lloré hasta altas horas de la noche y me dormí".

Poco después, Dios dirigió la atención de Alina a Josué 1:9: "Mira que te mando que te esfuerces y seas valiente; no temas ni desmayes, porque Jehová tu Dios estará contigo en dondequiera que vayas".

"En ese momento no entendí por qué Dios me había dirigido a ese pasaje de las Escrituras —dijo Alina—. Pero sabía que Dios me estaba animando a ser fuerte y confiar en Él. Dios estaba con nosotros, pasara lo que pasara. Me aferré a esas palabras por mucho, mucho tiempo".

Ricardo no murió a los dos años y medio como pronosticaron los médicos. Siguió con vida diez años más, y vivió la vida al máximo en medio de constantes complicaciones de salud. A lo largo de esos años, Ricardo volvió al instituto bíblico y obtuvo su título, sirvió como pastor en varias iglesias y tuvo dos hijos más con Alina.

"Pasamos por muchos sustos y varias internaciones en el hospital. Apenas subsistíamos financieramente y, sin embargo, éramos felices —dijo Alina—. Confiábamos totalmente en Dios, y Él suplía todas nuestras necesidades".

Ricardo y Alina se mudaron a Pensilvania, donde vivieron cinco años mientras Ricardo ocupaba la posición de pastor asociado y líder de jóvenes y de la adoración, ya que pensaban que sería menos estresante que la posición de pastor principal a tiempo completo. Pero estaba más ocupado que nunca, y en constante actividad.

"A pesar de todo, Ricardo estaba animado y vivía cada día como si fuera el último —dijo Alina—. Era tan alegre, que la mayoría de la gente que lo conocía no sabía que estaba tan enfermo. A pesar del intruso en nuestro matrimonio, llamado enfermedad, estábamos felices y alegres. Y en medio de todo eso, él era un esposo y padre admirable".

Pero en la víspera del Año Nuevo de 1999, Alina sintió que Dios la estaba empezando a preparar para lo que vendría.

"Estábamos en nuestro porche mirando cómo los vecinos encendían pequeños fuegos artificiales. Nuestros niños estaban corriendo por el jardín, emocionados de haberse quedado despiertos hasta tarde. Mientras estábamos mirando cómo jugaban, Ricardo me preguntó qué percibía para nosotros como familia en el 2000. Le dije que no estaba segura, pero que muy adentro sentía que íbamos a experimentar un gran cambio. Él quería saber qué clase de cambio. ¿Sería una mudanza u otra cosa? Yo no lo sabía, pero fuera lo que fuera, sentía que iba a ser algo que nos cambiaría la vida".

Ese cambio en la vida de ellos sucedió a principios del otoño. Una mañana de septiembre, Ricardo se despertó mal. No se sentía bien y tenía el estómago muy hinchado.

"Ambos supimos que algo no estaba bien, pero imaginamos que sería otro ataque más de su enfermedad", dijo Alina. Llamaron a su especialista, quien les dijo que fueran inmediatamente para que le hicieran algunos estudios y análisis de sangre.

"El 3 de octubre de 2000, estábamos sentados en el consultorio médico mientras veíamos al personal médico bastante preocupado. Cuando llevaron a Ricardo al laboratorio para que le hicieran un análisis de sangre, el médico me llamó y me preguntó si estaba preparada. Le dije que creía que sí y con gran dureza me dijo que necesitaba ser extremadamente fuerte, porque Ricardo tenía linfoma. No le quedaba mucho tiempo de vida. Todo lo que pude decir fue: '¿Qué será de nuestros hijos?'".

"Esto *no* debía pasar —dijo Alina—. Con todos los problemas de salud que tenía Ricardo, él estaba fuerte, incluso físicamente y se le veía bien a pesar de su condición. Todos nosotros, incluso su especialista, estábamos desolados. Después de programar una cita con el centro para el tratamiento del cáncer, nos enviaron a casa. Nos fuimos tomados de la mano, en silencio y en medio de una niebla de emociones de ese día soleado de octubre. Era raro ver las cosas normales afuera cuando dentro de nosotros nada volvería a ser normal. Teníamos por delante un futuro incierto… otra vez".

Ricardo ingresó a un centro para el tratamiento de cáncer el 22 de octubre de 2000. Cuando los médicos le preguntaron qué esperaba del tratamiento, él les dijo que tenía una familia que lo necesitaba, "por eso hagan lo máximo".

Ricardo se sometió a varias sesiones de quimioterapia, pero pasaron una o dos semanas y ya era evidente que no iba a sobrevivir.

"Yo sabía, en lo profundo de mi ser, que era el final —dijo Alina—. Pero seguí clamando a Dios. Le dije a Dios que no quería que Ricardo muriera, que lo necesitaba, que los niños lo necesitaban. A medida que los días pasaban, veía cómo sufría y no quería verlo sufrir. Se lo entregué a Dios y le dije que si Él quería a Ricardo, que se lo podía llevar. Esa fue la oración más difícil de mi vida".

"Le dije que los niños y yo estaríamos bien, porque Dios cuidaría de nosotros".

Ricardo falleció el Día de Acción de Gracias de ese mismo año, apenas treinta y tres días después de su diagnóstico de linfoma. Cuando Alina llegó al hospital aquella tarde, le dijeron que él estaba esperando que llegara.

"Entré a verlo sin saber qué esperar. Todavía estaba inconsciente. Me paré a su lado y le dije cuánto lo amaba y que estaba bien si quería ver a Jesús. Le dije que los niños y yo estaríamos bien, porque Dios cuidaría de nosotros. También le dije que se fuera al hogar [celestial], que yo lo alcanzaría más tarde. No mucho después que dije esas palabras dio su último suspiro".

"A los treinta y siete años, estaba ahora sola con cuatro hijos de entre 8 y 15 años. Todo lo que sabía era que Dios iba a tener que ayudarme y darme fuerzas. Yo debía ser fuerte y valiente y saber que Él estaría conmigo".

Algunos años después, Alina se volvió a casar. Ricardo le había hecho prometer, apenas le diagnosticaron linfoma, que le abriría su corazón a otro hombre y que se volvería a casar con alguien que se hiciera cargo de ella y los niños. Me gustaría decirte que Alina y Pedro, su segundo esposo, vivieron felices para siempre y que ella tuvo un futuro lleno de vida, amor y felicidad con bellos recuerdos de su primer esposo, Ricardo. Pero a los doce años que le diagnosticaran linfoma a Ricardo, Alina se encontraba sentada en el consultorio médico con Pedro, y esta vez la provocación fue aún más personal. El cáncer estaba mostrando otra vez su rostro siniestro… esta vez a *ella*.

Los médicos le dijeron que tenía un tumor cerebral. Y, en medio de ese diagnóstico, todo lo que ella recordaba era sentirse en completa paz. En vez de sentir que el mundo se le venía abajo, dijo: "Sentí que estaba mejor preparada. Era Dios que me estaba sosteniendo".

"Doce años antes, Ricardo y yo estábamos sentados en el consultorio médico cuando nos dijeron que él tenía linfoma. ¿Quién sabía que doce años después, el 3 de octubre, mi esposo Pedro y yo estaríamos tomados de la mano en el consultorio del neurólogo mientras me confirmaban que tenía un tumor cerebral?".

Cuando el médico hablaba con Alina de su tumor, ella recuerda escuchar otra "voz" en lo profundo de su ser. "Fue como si hubieran dos conversaciones distintas al mismo tiempo: el diagnóstico de mi médico y la voz del Señor en mi corazón con palabras de las Escrituras:

> Porque mis pensamientos no son vuestros pensamientos, ni vuestros caminos mis caminos, dijo Jehová. Como son más altos los cielos que la tierra, así son mis caminos más altos que vuestros caminos, y mis pensamientos más que vuestros pensamientos (Is. 55:8-9)".

"Una profunda sensación de paz y resolución vino sobre mí —dijo Alina—. ¿Estaba asustada? *Claro que sí*. ¿Pesaba más mi confianza en Dios que mi temor? Sí. Ya había vivido suficiente dolor para saber que Dios es más grande que cualquier cosa que enfrente y me provoque temor. Si este era el camino que iba a recorrer, sabía con certeza que Él caminaría a mi lado".

Un gozo inexplicable

Mientras Alina se sometía al tratamiento de quimioterapia —a pesar de su temor por el rápido deceso de su primer esposo después de empezar el tratamiento de quimioterapia— seguía manteniendo su mirada en Aquel que tenía el control de su cuerpo, su salud y su vida.

"Hay días en que estoy triste, pero no puedo dejar de hablar del Señor y del gozo que Él me ha dado durante la tormenta —dijo ella—. Hay días en que las olas azotan y parece como si el barco se estuviera hundiendo, pero aun así tengo gozo".

A veces, le sobrevienen pensamientos negativos, que le dicen: *Estás acabada. Estás consumida. Ya no eres necesaria. ¿Qué puede hacer Dios contigo ahora? Mírate. Tu tumor cerebral ha destrozado tu vida y todos los planes que tenías.*

Pero Alina decide enfocarse en la verdad y no en las mentiras. Y la verdad es que Dios la está usando para animar e inspirar a otros y para ministrar a personas a un nivel mucho mayor que antes. Todos le dicen que es una inspiración para otros debido a su gozo constante a pesar de lo que está atravesando. Ella recuerda que también le dijeron eso años atrás cuando Ricardo estaba batallando contra su enfermedad.

"Creo que las personas piensan que *debería* estar deprimida —dijo Alina—. Usaré pasajes de las Escrituras que Dios ha colocado en mi corazón y hablaré de su grandeza. He conocido a personas a través de la Internet y Facebook y en sitios que hablan de los tumores cerebrales, y les he contado mi historia. Hay muchas personas que están deprimidas porque no tienen esperanza. No conocen a Dios. Y yo puedo hablarles de mi esperanza".

Alina todavía tiene días que llora delante del Señor.

"Dios no dijo *sí* a mi sanidad total. ¿Estoy decepcionada? Mucho. ¿Impaciente? Sí, porque quería seguir adelante con la vida. ¿Asustada? Sí. ¿Ansiosa? Por supuesto. ¿Si quisiera salir corriendo? ¡Acertaste!". Y, sin embargo, ella sigue buscando instrucción en la Palabra de Dios que le ayuda a perseverar.

"A veces, estoy desanimada. A veces me siento como un hámster en una rueda de la cual quiero salirme. Pero hace poco el Señor me recordó Filipenses 4:8: 'Por lo demás, hermanos, todo lo que es verdadero, todo lo honesto, todo lo justo, todo lo puro, todo lo amable, todo lo que es de buen nombre; si hay virtud alguna, *si algo digno de alabanza, en esto pensad'*".

"Ese fue un momento de revelación. Tengo muchas cosas dignas de alabanza en mi vida. Por lo tanto, pienso en *esas* cosas y le pido a Dios que se ocupe de lo que está pasando en este momento. Tengo suficientes razones para confiar en Él".

Hoy día, Alina me envía a menudo correos electrónicos, y me cuenta sus momentos de revelación y cómo el Señor la está formando a la imagen de Cristo a través de todo lo que está experimentando.

"Dios ha sido bueno y misericordioso y la fortaleza indiscutible que me ayuda a transitar un camino inesperado —me dijo hace poco—. Soy mucho más consciente de la acción del Espíritu Santo en mi vida… tengo una sensación de expectativa… no sé cómo explicarlo. Estoy tratando de escuchar y actuar".

Esta mañana del 3 de octubre, en la que estoy escribiendo la historia de Alina, se cumple un año de su diagnóstico de tumor cerebral y trece años desde que le diagnosticaran linfoma a su primer esposo. Hoy el correo electrónico que me envió y su estado en Facebook dice:

> ¿Cómo enfrento este día? Sin lugar a dudas, debería detestarlo. En realidad, es un día marcado por las malas noticias. ¿La verdad? No lo enfrento con temor, odio o terror, sino con un corazón gozoso. Confío en un Dios infalible hoy y todos los días del

año. Él sigue siendo mi gozo y mi fortaleza. Salmos 32:10: "Mas al que espera en Jehová, le rodea la misericordia". Jeremías 29:11: "Porque yo sé los pensamientos que tengo acerca de vosotros, dice Jehová, pensamientos de paz, y no de mal, para daros el fin que esperáis". Él nunca me ha dejado antes y no me dejará ahora. Él dice: "No te desampararé, ni te dejaré" (He. 13:5).

¿Dónde está *tu* confianza?

¿Recuerdas lo que sugerí en el capítulo 1? Dios sabe que cuando todo marcha bien en nuestra vida, tendemos a pensar que no lo necesitamos. Aquí hay una mujer que ha sufrido por los efectos devastadores del cáncer en el cuerpo de su primer esposo y ahora lo está viviendo en carne propia; sin embargo, ella encuentra reposo en Dios, se aferra a su Palabra y le ha confiado su vida a Dios.

Puede que a ti y a mí no nos hayan diagnosticado un tumor… todavía. Pero, al igual que Alina, debemos confiarle *nuestra* vida al Señor. Con salud o no, Dios desea una entrega total de cada mujer. Y a veces Él permitirá que seamos provocadas hasta que nos rindamos a Él, si eso es lo que hace falta para que estemos más cerca de Él.

El tormento de Ana

Dios deseaba una entrega total en la vida de Ana también. Ella ya había experimentado el dolor de no poder tener hijos. Pero, para empeorar las cosas, vivía con una mujer que tenía varios hijos y que constantemente hacía sentir inferior a Ana por no tener hijos. Cualquier mujer que alguna vez haya anhelado tener hijos y que ha sido bombardeada con anuncios de embarazos y *baby shower*s de una amiga tras otra y de todas las mujeres de su familia puede identificarse con la herida llagada de Ana.

Las Escrituras dicen que cada año cuando Elcana llevaba a sus esposas a Silo para adorar al Señor, Penina —a quien las Escrituras se refieren como "rival" de Ana— veía que era su mejor oportunidad para hacer sentir mal a Ana por no tener hijos. La Biblia dice que Penina la provocaba tanto que Ana lloraba y no comía. Hasta que, finalmente, ella le abrió su corazón a Dios en oración. "Con amargura de alma oró a Jehová, y lloró abundantemente" (1 S. 1:10). Tanta provocación en su vida la llevó a hacer una oración desesperada... una oración que Dios escuchó.

En esta historia, encontramos un par de cosas inquietantes sobre la reacción de Ana a la situación. ¡Me pregunto si tú y yo, a veces, reaccionamos de manera similar cuando alguien o algo nos están provocando!

Primero, Ana *permitió* que Penina la provocara. Las Escrituras dicen claramente cuál era la intención de Penina: "Y su rival la provocaba amargamente *para irritarla*" (v. 6, LBLA). Y Penina logró lo que quería, ¿verdad? ¿Es posible que Penina hubiera *dejado* de provocarla si Ana no hubiera permitido que sus comentarios la irritaran? ¿Qué hubiera pasado si sencillamente Ana la hubiera ignorado? ¿Qué hubiera pasado si Ana le hubiera dicho: "Lamento que tu vida como madre no sea tan feliz como quieres hacerme creer, porque, si ese fuera el caso, no insistirías tanto en hacer la mía desdichada. Las personas heridas quieren herir a los demás. Oraré por tu corazón *y* tu felicidad"?

En cambio, parece que Ana tomaba en serio las crueles provocaciones de Penina, porque las Escrituras dicen: "Esto sucedía *año tras año*; siempre que ella subía a la casa del Señor, la otra la provocaba. Y Ana lloraba y no comía (v. 7, LBLA). ¡Penina, con sus provocaciones, manejaba lo que Ana hacía o dejaba de hacer! Logró exactamente lo que quería de ella. Pero nunca hubiera tenido control sobre la vida de Ana, si esta no se lo hubiera dado. Es evidente que *cada año* Penina ejercía ese poder, hasta el grado de hacer sentir tan desdichada a Ana que no quería comer.

Lecciones de Ana

Aprendemos tres lecciones de la situación de Ana, que nos ayudarán cuando nos provoquen o nos atormenten:

1. Nosotras decidimos si permitiremos que algo nos lastime.

¿Qué palabras estás escuchando más? ¿Las de tus propias dudas y tus propios temores, las críticas de otros, las mentiras del enemigo? ¿O estás escuchando la voz de la verdad? Si Ana hubiera contrarrestado la mordacidad o la jactancia de Penina con las palabras de su esposo ("¿No te soy yo mejor que diez hijos?"), podría haber resistido mejor la crueldad de Penina. Actualmente, tú y yo tenemos mucha más defensa que Ana. Tenemos la Palabra viva de Dios y muchas promesas, de modo que podemos estar bien cimentadas en su verdad y seguras cuando estamos bajo ataque. La próxima vez que alguien trata de lastimarte, recuerda las palabras de *tu* Esposo celestial:

- "Ninguna arma forjada contra ti prosperará, y condenarás toda lengua que se levante contra ti en juicio. Esta es la herencia de los siervos de Jehová, y su salvación de mí vendrá, dijo Jehová" (Is. 54:17).
- "Porque yo sé los pensamientos que tengo acerca de vosotros, dice Jehová, pensamientos de paz, y no de mal, para daros el fin que esperáis" (Jer. 29:11).
- "Si Dios es por nosotros, ¿quién contra nosotros?" (Ro. 8:31).

2. Nosotras determinamos quién tiene el control por cómo respondemos.

Solo tú y yo podemos dar a otra persona o situación el poder de controlar nuestras emociones, actitudes y acciones. Y cuando respondemos con una actitud defensiva, enojo o desesperación (cuando dejamos de comer o no salimos de casa o no queremos ver a nadie), estamos demostrándole a alguien que ha logrado manejar nuestros sentimientos. Ana podría haber mantenido el control de la situación con no darle importancia a la actitud de Penina o al orar por ella. Pero, lamentablemente, ella terminó dejando que su rival controlara su respuesta. La próxima vez que alguien trate de manejar tus emociones, recuerda estas palabras y, de esa manera, recuerda quién tiene *realmente* el control:

- "Jehová es mi luz y mi salvación; ¿de quién temeré? Jehová es la fortaleza de mi vida; ¿de quién he de atemorizarme?" (Sal. 27:1-2).
- "Cuando pases por las aguas, yo estaré contigo; y si por los ríos, no te anegarán. Cuando pases por el fuego, no te quemarás, ni la llama arderá en ti" (Is. 43:2).
- "Airaos, pero no pequéis; no se ponga el sol sobre vuestro enojo, ni deis lugar al diablo" (Ef. 4:26-27).
- "Ninguna palabra corrompida salga de vuestra boca, sino la que sea buena para la necesaria edificación, a fin de dar gracia a los oyentes" (Ef. 4:29).
- "Andad en el Espíritu, y no satisfagáis los deseos de la carne" (Gá. 5:16).

3. En todo momento podemos llevar nuestros problemas a Aquel que puede darnos una solución.

Cuando llevamos nuestros problemas a Dios, en vez de tratar de resolverlos por nuestros propios medios, estamos afirmando en nuestra vida y en la vida de los demás que Él puede resolver las cosas mucho mejor que nosotras. Cuando *finalmente* Ana entregó su situación a Dios en oración, cambiaron las cosas. Dios no le dio un hijo en ese momento, pero Ana sintió la paz que viene cuando le entregamos nuestras cargas a Dios; cargas que nunca deberíamos llevar. Sea lo que sea que esté atormentando tu vida —una persona, una enfermedad, un temor, una situación amenazadora—, y no está en ti el poder de controlarlo, puedes entregárselo a Aquel que puede hacer justicia y hacerlo rápido. ¿Cuánto estrés emocional y dolor nos evitaríamos si tan solo le entregáramos nuestros problemas a Dios? Aquí está tu seguridad, en poner tus cargas a sus pies:

- "Por nada estéis afanosos, sino sean conocidas vuestras peticiones delante de Dios en toda oración y ruego, con acción de gracias. Y la paz de Dios, que sobrepasa todo entendimiento, guardará vuestros corazones y vuestros pensamientos en Cristo Jesús" (Fil. 4:6-7).

* "Y esta es la confianza que tenemos en él, que si pedimos alguna cosa conforme a su voluntad, él nos oye. Y si sabemos que él nos oye en cualquiera cosa que pidamos, sabemos que tenemos las peticiones que le hayamos hecho" (1 Jn. 5:14-15).

¿Qué te atormenta?

¿Quién o qué te está provocando, amiga mía? ¿Qué está amenazando tu paz? ¿Un diagnóstico temible? ¿Una persona que parece hacerte la vida imposible? ¿Otra mujer que amenaza tu matrimonio? ¿Un jefe quisquilloso que amenaza el bienestar de tu esposo? ¿Un trabajo que está compitiendo por el afecto de tu esposo o la lucha de un hijo con las drogas? ¿Acaso será el temor a aquello que te está atormentando lo que amenaza con robarte el gozo y arruinar tu vida?

A pesar de lo fuerte y temible que parezca el cáncer, Alina sabe que su Dios es más fuerte. Sabe que nada puede tocarla sin que primero pase por las manos amorosas de Dios. Sabe que su presencia es mucho más poderosa que la amenaza de las tinieblas.

Vivimos en un mundo en el cual lo malo parece ser muy fuerte. Las lágrimas a veces parecen más reales que la presencia consoladora de Dios, y el temor puede parecer más grande que el poder de Dios. Constantemente escucho a los cristianos decir: "Las cosas se están poniendo mucho peor" (y estoy segura de que tú también lo escuchas). Pero no importa qué tan mal pueda estar este mundo, las Escrituras nos dan la seguridad de que Cristo tiene el control. El mismo Jesús dijo: "Toda potestad me es dada en el cielo y en la tierra" (Mt. 28:18). Pero nos olvidamos que Cristo ha vencido las obras del diablo, que la muerte ha perdido su aguijón (1 Co. 15:54-57), que llegará el día cuando el Señor hará todas las cosas nuevas (Ap. 21:5). Nos olvidamos, porque el dolor, el mal y el pecado siguen operando en este mundo y, a veces, parecería como si todo fuera un descontrol.

Cuando las tinieblas parecen fuertes

La semana pasada escuché que una mujer se quejaba de los ataques del enemigo y de cómo viene "como río" para hacer estragos en nuestra vida. Ella se estaba refiriendo a Satanás, a quien las Escrituras describen "como león rugiente, [que] anda alrededor buscando a quien devorar" (1 P. 5:8). Estoy casi segura de que sus palabras fueron motivadas por un versículo —o una canción que lleva la letra de ese versículo— que da a entender que Satanás, nuestro enemigo, es un río poderoso y feroz.

La versión Reina Valera de 1960 del pasaje de Isaías 59:19 dice: "Y temerán desde el occidente el nombre de Jehová, y desde el nacimiento del sol su gloria; porque *vendrá el enemigo como río*, mas el Espíritu de Jehová levantará bandera contra él".

Solemos cantar un himno en nuestras iglesias con la letra de esta particular versión del versículo, que habla del "poder de las tinieblas" que vienen como un río. Con razón pensamos que Satanás es como un poder fuerte, determinado y feroz que es capaz de destruirnos.

Sin embargo, en realidad, Isaías 59:19 dice lo opuesto: que el enemigo debería temer el poder *del Señor*. Este versículo habla del Señor cuyo nombre es temido y *viene como un río y un viento poderoso*.

Compara este versículo en las siguientes versiones de la Biblia, ninguna de las cuales menciona al "enemigo", sino solo al Señor:

Y temerán desde el occidente el nombre del Señor y desde el nacimiento del sol su gloria, *porque Él vendrá como torrente impetuoso, que el viento del Señor impele* (Is. 59:19, LBLA).

Desde el occidente temerán el nombre del Señor, y desde el oriente respetarán su gloria. *Porque vendrá como un torrente caudaloso, impulsado por el soplo del Señor* (NVI).

Todo el mundo, desde oriente hasta occidente, respetará al Señor, al ver su majestad, *porque él vendrá como un río crecido movido por un viento poderoso* (DHH).

En el occidente, la gente respetará el nombre del SEÑOR; en el oriente, lo glorificará. *Pues él vendrá como una tempestuosa marea, impulsado por el aliento del SEÑOR* (NTV).

Y temerán (reverenciarán) desde el occidente el nombre del SEÑOR y desde el nacimiento del sol Su gloria, *porque El vendrá como torrente impetuoso, que el viento del SEÑOR impulsa* (NBLH).

Y temerán en occidente el nombre del Señor, en oriente respetarán su gloria, *pues vendrá como torrente impetuoso, impulsado por el aliento del Señor* (BLP).

De hecho, la versión de Reina-Valera de 1960, así como la Reina-Valera Antigua y la Reina Valera Contemporánea son las únicas que usan la palabra "enemigo" en ese pasaje, y una nota al pie de página en la versión inglesa *New King James* dice que cuando el enemigo viene "como río" también podría significar "cuando Él viene como un enemigo"[1] y representar la vindicación y ferocidad de Cristo para proteger a los suyos.

La fortaleza del Señor

¡Dios mío! ¡Cuánto nos concentramos en que "el enemigo" viene como un río poderoso y arrollador! Y, sin embargo, las Escrituras colocan el énfasis en el poder del Señor, que a veces "viene como un enemigo".

---

1. *The Nelson Study Bible* [*Biblia de estudio Nelson*], New King James Version (Nashville, TN: Thomas Nelson Publishers, 1997), p. 1208. Publicada en español por Grupo Nelson.

Además, Isaías 54:17 dice:

> Ninguna arma forjada contra ti prosperará, y condenarás toda lengua que se levante contra ti en juicio. Esta es la herencia de los siervos de Jehová, y su salvación de mí vendrá, dijo Jehová.

Y en el Nuevo Testamento se nos dice: "Si Dios es por nosotros, ¿quién contra nosotros?" (Ro. 8:31).

¿Has escuchado también a otros cristianos dar más reconocimiento a Satanás del que se merece?

- "Todos hemos estado enfermos esta semana. Es un ataque del enemigo".
- "Mi hijo ha sido muy desobediente hoy. El enemigo realmente me está persiguiendo".
- "He estado muy distraída hoy. Satanás está tratando de impedir que termine de hacer esto".
- "He tenido una semana llena de complicaciones. Lo atribuyo al enemigo".
- "Perdí mis llaves apenas crucé la puerta. Sé que Satanás estaba tratando de impedir que entre allí".

Me parece que estas declaraciones dan mucho más reconocimiento al enemigo del que se merece. Y, si alguna vez has dicho o pensado las mismas cosas, considera lo siguiente:

- Satanás no es omnipresente (como Cristo), por lo tanto, solo puede estar en un lugar a la vez. ¿Realmente piensas que puede estar dando vueltas constantemente por un rincón de *tu* vida, tu ciudad o tu edificio para causarte la mayor cantidad de estragos?
- Somos capaces de distraernos por cualquier cosa, incluso debido a una mente indisciplinada y dispersa. Muchas

veces nuestros propios pensamientos negativos pueden causar suficientes estragos que no necesitamos la influencia de Satanás. Filipenses 4:8 nos instruye a pensar en todo lo que es verdadero, honesto, justo, puro, amable y de buen nombre. Además, 2 Corintios 10:5 dice: "derribando argumentos y toda altivez que se levanta contra el conocimiento de Dios, y llevando cautivo todo pensamiento a la obediencia a Cristo".

- Somos totalmente capaces de caer en la tentación y el pecado sin la influencia de Satanás, por la debilidad de nuestra carne y nuestra falta de entrega a Cristo. Como dice Santiago 1:14-15: "cada uno es tentado, cuando de su propia concupiscencia es atraído y seducido. Entonces la concupiscencia, después que ha concebido, da a luz el pecado; y el pecado, siendo consumado, da a luz la muerte".

Sí, el Nuevo Testamento dice: "Porque no tenemos lucha contra sangre y carne, sino contra principados, contra potestades, contra los gobernadores de las tinieblas de este siglo, contra huestes espirituales de maldad en las regiones celestes" (Ef. 6:12).

Sin embargo, las Escrituras también afirman que Cristo tiene todo el poder de impedir, desbaratar y destruir todo tipo de mal o provocación que pueda venir contra ti (He. 2:14). Ese poder no es algo reservado para Cristo en algún tiempo futuro. Fue dado a Cristo cuando murió en la cruz por nosotros (1 Jn. 3:8).

Por lo tanto, antes de verte derrotada, piensa en esto: tú formas parte del equipo ganador. Todo el poder y la autoridad, a través de Cristo, están de tu lado.

El poder protector de Dios

Dios no solo es mucho más poderoso que Satanás, sino que, a fin de cuentas, Dios debe darle permiso a Satanás si quiere meterse contigo.

En la historia de Job relatada en el Antiguo Testamento, Satanás tuvo que pedir permiso para tocar todo lo que Job tenía. Incluso tuvo que pedir permiso específico de Dios para tocar el cuerpo físico de Job y hacerle cualquier tipo de daño. Pero, cuando Dios le concedió las dos primeras peticiones, le dijo a Satanás que no tenía permiso para tocar la vida de Job. Esto deja en claro que Dios es el que tiene el control absoluto del final de nuestros días. Satanás no puede hacernos daño sin el permiso de Dios.

No hay nada que pueda tocarte sin que antes pase por las manos amorosas de Dios.

En los Evangelios, el mismo Jesús dijo a Pedro: "he aquí Satanás os ha pedido para zarandearos como a trigo" (Lc. 22:31). ¿Por qué Satanás le pediría *permiso* a Jesús para tentar a su discípulo? ¿No sería mejor estrategia lanzar un ataque sorpresa sobre Pedro de tal manera que Jesús no pudiera defenderlo? No es que Satanás estaba siendo bien educado. Satanás *tenía* que pedir permiso incluso para acercarse a Pedro, porque Pedro estaba en las manos protectoras de Cristo. Además, fíjate qué le dijo Jesús a su Padre celestial cuando oró en Juan 17:12: "Cuando estaba con ellos en el mundo, yo los guardaba en tu nombre". Después, en el versículo 15, Jesús dijo: "No ruego que los quites del mundo, sino que los guardes del mal". Finalmente, cuando Jesús murió en la cruz por nosotros y conquistó la muerte al levantarse de la tumba, hizo esta promesa mientras ascendía al cielo: "He aquí yo estoy con vosotros todos los días" (Mt. 28:20; ver también He. 13:5).

Tu refugio está en Dios

Desde el momento en que tú y yo le entregamos nuestra vida a Cristo y creímos en Él como nuestro Salvador, estamos al cuidado protector de Dios. De modo que no hay nada que pueda tocarte sin que antes pase por sus manos de amor. Con ese poder —y ese amor protector— en nuestra vida, nada debería afectarnos.

Durante los tiempos dolorosos de la vida, nuestra fe es realmente puesta a prueba. Y sí, hay veces en que la vida es injusta y lo sentimos en carne propia. Pero Dios es soberano sobre esos tiempos también. En ninguna parte de la historia de Ana leemos acerca de un pacto de Dios en la vida de Penina, ni en la vida de sus hijos y el legado que dejaron. Pero sí de Ana y del legado duradero de su hijo Samuel.

Confíale a Dios la historia de *tu* vida y ten la seguridad de que Él cuida de ti simplemente porque eres suya. Cuando puedes caminar segura y tranquila a pesar de aquello que está tratando de causar estragos en tu vida, sabes, sin lugar a dudas, quién tiene el control. ¿Puedes confiar en que Dios te tiene en el preciso lugar donde quiere que estés para lo que tiene en mente?

Cobra ánimo con estas últimas palabras de Alina: "Cuando estaba por someterme a la segunda sesión de quimioterapia —el día que cumplía cincuenta años— y sentí un temor que hizo temblar mis fibras más íntimas [debido a que, finalmente, la quimioterapia terminó con la vida de su esposo], Dios me reconfortó con sus palabras de Isaías 43:1-3:

> Ahora, así dice Jehová, Creador tuyo, oh Jacob, y Formador tuyo, oh Israel: No temas, porque yo te redimí; te puse nombre, mío eres tú. Cuando *pases por* las aguas, yo estaré contigo; y si *por* los ríos, no te anegarán. Cuando *pases por* el fuego, no te quemarás, ni la llama arderá en ti. Porque yo Jehová, Dios tuyo, el Santo de Israel, soy tu Salvador".

No importa si sientes que tu problema es como las aguas profundas, un río impetuoso o un fuego abrasador, indudablemente, Dios puede ayudarte a *pasar por* cualquier experiencia. Así que, aférrate a Él y permite que te ayude a perseverar y seguir adelante cualquiera sea tu circunstancia.

Confía en el poder de su protección

Lee atentamente los siguientes pasajes de las Escrituras y escribe quién y cuál es tu seguridad:

"Jehová peleará por vosotros, y vosotros estaréis tranquilos" (Éx. 14:14).

¿Quién es tu seguridad?

¿Qué debes hacer tú?

"Por nada estéis afanosos, sino sean conocidas vuestras peticiones delante de Dios en toda oración y ruego, con acción de gracias. Y la paz de Dios, que sobrepasa todo entendimiento, guardará vuestros corazones y vuestros pensamientos en Cristo Jesús" (Fil. 4:6-7).

¿Cuál es tu seguridad?

¿Qué debes hacer tú?

"¿Qué, pues, diremos a esto? Si Dios es por nosotros, ¿quién contra nosotros?" (Ro. 8:31).

¿Quién es tu seguridad?

¿Qué debes hacer tú?

"Por lo cual estoy seguro de que ni la muerte, ni la vida, ni ángeles, ni principados, ni potestades, ni lo presente, ni lo por venir, ni lo alto, ni lo profundo, ni ninguna otra cosa creada nos podrá separar del amor de Dios, que es en Cristo Jesús Señor nuestro" (Ro. 8:38-39).

¿Cuál es tu seguridad?

¿Qué debes hacer tú?

Una oración en medio de la provocación

Señor,

Gracias por conocer todo lo que atormenta mi corazón. Y gracias porque tú eres más fuerte que cualquier cosa que amenace con hacerme daño o intimidarme. Ayúdame a aferrarme a ti y verte como mi "amparo y fortaleza, [mi] pronto auxilio en las tribulaciones" (Sal. 46:1). Confío en que estás esperando para mostrar tu poder a favor de mí. Espero que intervengas en mi vida de manera poderosa.

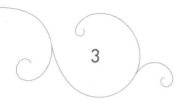

3

El punto ciego

Cuando los demás piensan que estás bien

Y… su marido le dijo:… ¿por qué lloras?
¿por qué no comes? ¿y por qué está afligido tu corazón?
¿No te soy yo mejor que diez hijos?

1 SAMUEL 1:8

Tú sabes cómo es ir por la vida con una sonrisa en tu rostro cuando por dentro estás sufriendo, ¿verdad?

Aunque los demás solo vean lo externo —que podría parecer excelente y perfecto— Dios ve tu corazón… y tus lágrimas.

Y Él quiere que *tú* veas que Él es todo lo que realmente necesitas.

Toda su vida, Ramona había actuado como si todo estuviera bien. Pero en lo profundo de su corazón, ansiaba algo más. Anhelaba experimentar el amor de un padre.

Ramona había sido abusada por el único padre que había conocido de niña. Cuando tenía nueve años, sus padres se divorciaron. Algunos años después, se enteró de que el hombre que pensó que era su padre, en realidad, era su padrastro.

"Mi mamá empezó a escribir un libro y, para protegerme y evitar que me enterara de la verdad a través del libro en vez de escucharlo directamente de sus labios, me dijo que otro hombre había sido mi padre biológico —dijo Ramona—. Me quedé anonadada cuando descubrí que mi 'padre' era en realidad mi padrastro y mi madre no sabía nada de mi padre biológico. Le dije: 'De acuerdo, mamá, estoy bien. No te preocupes'. Pero después corrí a mi habitación a llorar, porque sabía que no estaba bien".

"Dado que sentía la pérdida de un padre y no sabía a quién recurrir, me entregué al Señor cuando tenía diecisiete años", dijo Ramona. Comprender que Dios la amaba y que había enviado a su Hijo a morir en su lugar para pagar por sus pecados, produjo un gran cambio en su vida. "Por primera vez en la vida sentí un amor que nunca había conocido y, por un momento, tan solo saber que Dios me amaba fue mi gracia redentora. De vez en cuando me afloraba el deseo de tener un padre y le insistía a mi mamá para que me dijera quién era mi padre biológico, pero su respuesta era 'no lo sé' o no me respondía nada".

"Recuerdo decirle: 'Dios, tú eres el mejor Papá del mundo'".

Ramona llevó consigo ese anhelo de conocer a su padre terrenal hasta su matrimonio. "Cuando me casé, pensé que mi esposo llenaría ese vacío, pero mis expectativas eran demasiado altas y mi matrimonio terminó después de treinta años".

Ramona recuerda clamar a Dios para recibir consuelo y para poder entender y ser libre del dolor mientras su matrimonio se estaba desmoronando.

"Durante mi matrimonio, puse a mi esposo en un pedestal, hasta que llegó a ser un ídolo en mi vida. A veces, hasta lo veía como un padre. Pero cuando nos divorciamos, me di cuenta de que tenía que volver a mi 'primer amor', que es Jesús. Cuando lo hice, empecé a ver que Dios cuidaba de mí como un padre o un esposo. Dios empezó a manifestarse en las pequeñas cosas de la vida: me daba todo el consuelo que necesitaba y suplía cada una de mis necesidades físicas y financieras un día a la vez. Incluso trajo a mi vida personas que me animaron y me ayudaron a salir adelante. Una vez que empecé a ver esos pequeños milagros, empecé a llamarlo 'Papá'. Recuerdo decirle: 'Dios, tú eres el mejor Papá del mundo'".

Ramona estaba pasando por un doloroso divorcio y seguía anhelando el amor de un padre, sin embargo, todos a su alrededor pensaban que ella estaba bien.

Era lo mismo que le pasaba a Ana.

Volvamos a la historia de Ana

El esposo de Ana no podía entender por qué Ana se sentía tan desdichada de no poder tener hijos. En 1 Samuel 1:8 leemos: "Elcana su marido le dijo: Ana, ¿por qué lloras? ¿por qué no comes? ¿y por qué está afligido tu corazón? ¿No te soy yo mejor que diez hijos?".

Bien, sé lo que puedes estar pensando. *¡Un hombre típico! ¡Piensa que su esposa debe estar tan eufórica por tenerlo como esposo, que no siente dolor en ninguna otra área de su vida!* No creo que Elcana haya querido ser egocéntrico o arrogante en su capacidad de complacer a su esposa. Sin embargo, comentarios como este no son de ayuda cuando una mujer está sufriendo. Comentarios como: "¿No te alcanza con lo que tienes en este momento?" solo lastiman más el corazón de una mujer y la hacen sentir que nadie comprende su dolor.

¿Puede haber algo más insensible o hiriente que alguien que te señale lo que *sí tienes* cuando te estás sincerando y le estás contando lo que aflige tu corazón? El esposo de Ana no pudo consolarla con sus palabras. De hecho, su comentario bienintencionado podría haberle parecido a Ana insensible y desacertado. Cuando una mujer tiene la mirada perdida o siente dolor en su corazón, necesita que alguien le diga: "Te comprendo. Siento tu dolor".

Niégate a conformarte

Estoy segura de que tú también has escuchado alguno de estos comentarios bien intencionados:

"Al menos *tienes* un esposo".

"Al menos *ya tienes* un hijo".

"Puede que no lo estés disfrutando, pero al menos *tienes* un trabajo".

"Bueno, al menos tienes salud".

"Al menos todavía tienes_____".

"Al menos no sufres de_____".

¡Cómo duele el aguijón de los comentarios bienintencionados! ¡Y cómo duele el aguijón de esas dos palabras, cuando nos dicen "al menos…" y nos hacen sentir culpables!

En mis treinta años de ministerio a las mujeres, he conocido algunas que se han conformado con aquello que "al menos" tienen en su vida. Sin embargo, creo que si Dios llegó al extremo de enviar a su único Hijo a morir en la cruz por nosotros para mostrarnos su amor, no es porque quería que nos contentáramos con lo que "al menos" tenemos.

Sí, la Palabra de Dios dice que debemos dar gracias "en todo" (1 Ts. 5:18). También dice que "gran ganancia es la piedad acompañada de *contentamiento*" (1 Ti. 6:6). Pero Dios no quiere que nuestra gratitud y nuestro contentamiento sean una forma de resignación ("creo que debería ser feliz con esto, ya que, de todos modos, es lo único que podría llegar a tener"). Antes bien, Dios quiere que sus hijos estén llenos de expectativas por ese "algo más" que Él es capaz de darnos, hasta el grado de agradecerle de antemano por todo lo que está por hacer. Este Dios, que nos dice que debemos dar gracias en todo, en realidad, eleva el estándar cuando decidimos conformarnos con menos o con lo que *al menos* nos ha dado la vida.

Efesios 3:20 dice que Dios "es poderoso para hacer todas las cosas *mucho más abundantemente* de lo que pedimos o entendemos". Tú y yo a menudo escuchamos, pensamos o decimos las palabras "al menos" en nuestra vida. Y, sin embargo, la Palabra de Dios dice:

- "Y todo lo que pidiereis en oración, creyendo, lo recibiréis" (Mt. 21:22).
- "Pedid, y recibiréis, para que vuestro gozo sea cumplido" (Jn. 16:24).

- Él "es poderoso para hacer todas las cosas mucho más abundantemente de lo que pedimos o entendemos, según el poder que actúa en nosotros" (Ef. 3:20).
- "Sin fe es imposible agradar a Dios" (He. 11:6).

Estas palabras, amiga mía, vienen de un Dios que no es mezquino y no se resigna hasta haber hecho lo máximo en nuestra vida. En cambio, es el Dios que dice: "Pues si vosotros, siendo malos, sabéis dar buenas dádivas a vuestros hijos, ¿cuánto más vuestro Padre que está en los cielos dará buenas cosas a los que le pidan?" (Mt. 7:11).

Ana podría haber inclinado la cabeza en vergüenza y dicho: "Elcana, tienes razón. Tú eres suficiente en mi vida. ¿Quién soy yo para querer más que un esposo que me ama? Voy a renunciar a este sueño de un hijo y enfrentar la realidad. Después de todo, al parecer, Dios no quiere que sea madre".

Sí, Ana podría haber dicho eso y, aunque parezcan palabras humildes, agradecidas y casi espirituales, también parecen sin fe. Ana podría haberse dado por vencida, haber tirado la toalla y aceptar sus circunstancias, en vez de creer que Dios podía responder a su ruego.

Cuando Sara, la esposa de Abraham, se rio y dudó de que Dios le pudiera dar un hijo a su avanzada edad, el ángel del Señor la reprendió y le dijo directamente a Abraham: "¿Hay para Dios alguna cosa difícil?" (Gn. 18:14). Tal vez esas palabras se hicieron eco a los oídos de Ana y le dieron esperanza, aunque Elcana le había dicho que ya tenía suficiente. Ana todavía estaba en edad de concebir hijos. Su situación ni siquiera necesitaba un milagro, como la situación de Sara. Ana debe haber sabido que Dios seguía siendo el Dador de toda buena dádiva para quien todo es posible. Como veremos en el capítulo siguiente, Ana decidió abrir su corazón a Dios y pedirle que hiciera "mucho más abundantemente" de lo que estaba esperando.

Tal vez las palabras del ángel del Señor ("¿Hay para Dios alguna cosa difícil?") deberían hacerse eco en nuestros oídos también cada vez que pensamos: *¿Para qué voy a orar por eso? ¿Qué probabilidades hay de que suceda? Tal vez debería ser feliz porque al menos…*

Cree que Dios tiene más para ti

Tú y yo tenemos nuestras razones para no ir a Dios y abrirle nuestro corazón. A veces es porque nos sentimos culpables de pedirle algo. Otras veces es porque no creemos que Él quiera bendecir nuestra vida o porque sentimos que no nos merecemos nada más de Él. Cuando decimos: "No merezco más de lo que ya tengo", en realidad, tenemos razón en nuestra apreciación, porque Dios no nos da buenas dádivas porque las *merezcamos*. Él nos da buenas dádivas porque es bueno y compasivo y quiere bendecir a sus hijos.

De modo que no caigas en la mentalidad que dice: "No creo que Dios pueda darme o que me vaya a dar más" o "no merezco nada más de lo que ya tengo". En cambio, recuerda que Dios quiere bendecir a sus hijos. No seas reacia a abrir tu corazón a Dios. En vez de conformarte con lo *mínimo* en tu vida, ábrete a la posibilidad de que Dios quiera "hacer todas las cosas mucho más abundantemente de lo que pedimos o entendemos" (Ef. 3:20).

La búsqueda de Ramona

Ramona también decidió esperar algo más. El deseo de su corazón era encontrar a su padre biológico, así que, cuando su madre falleció, Ramona decidió que trataría de encontrarlo por su cuenta. Dios sabía que ese era el deseo de su corazón y, al parecer, organizó divinamente el desarrollo del proceso.

Ramona buscó ayuda en un sitio web que tenía por objeto ayudar a las personas a investigar su genealogía y localizar a sus familiares perdidos. Se hizo un examen de ADN y presentó los resultados con la esperanza de encontrar a familiares perdidos y, entre ellos, a su padre biológico. Mientras tanto, una mujer llamada Betty, que había sido adoptada al nacer, también estaba buscando a sus familiares en ese sitio. Betty había encontrado a su padre biológico y su familia, la cual incluía al hermano mellizo de su padre biológico. Cuando Betty descubrió en los exámenes de ADN, que Ramona tenía un 98% de probabilidad de ser su prima o prima segunda y que estaba buscando también a su padre biológico, decidió ayudar a Ramona en su búsqueda.

Después de algunas investigaciones, Betty descubrió que su tío (el hermano mellizo de su padre biológico) era el padre biológico de Ramona. (Un examen adicional de ADN demostró que este hombre era realmente el padre de Ramona). Ramona y su padre biológico se comunicaron por teléfono y por carta durante seis meses. Luego Ramona viajó para asistir a una reunión familiar y conocer a su padre, a Betty y a otros familiares.

Al principio, Ramona rebosaba de gozo. No pensaba que todo eso se tratara de una simple coincidencia porque, cuando empezó a confiar de lleno en Dios como su Padre celestial, Él le restituyó también a su padre terrenal. Finalmente, Ramona sintió que su vida estaba completa.

Sin embargo, pronto Ramona descubrió que había puesto demasiada esperanza en ese padre terrenal. Puesto que hacía mucho que le faltaba un padre y que, de alguna manera, había idolatrado el rol de un padre, tenía expectativas extremadamente altas para ese hombre que nunca había conocido en su niñez. A veces, se parecía a una niña pequeña que trataba de recuperar las experiencias que nunca había vivido en su niñez. Luchó por semanas para saber qué debía hacer ahora que conocía a su padre. Hoy día cree que sus expectativas y su deseo de tener una relación cercana con él terminaron por alejarlo. Y ahora se da cuenta de que —aunque ella sabe quién es su padre, y su sueño de conocerlo se hizo realidad— todavía llora.

"Debido a mi condición de ser humano, tenía ciertas expectativas con respecto a esta nueva relación —dijo Ramona—. Pero descubrí que tenía que ir más despacio de lo que hubiera querido, y que no había salido todo exactamente como había esperado o planeado. Tuve que dejarlo en las manos de Dios y descansar en el hecho de que Él sabe más sobre relaciones".

En cierto momento, Ramona pensó que encontrar a su padre esclarecería su "punto ciego" y le ayudaría a ver la vida más claramente. En cambio, descubrió el punto ciego que ya tenía. Ella había puesto a su padre terrenal en el rol que solo Dios podía cumplir. Hoy día, Ramona no tiene la relación cercana que había esperado tener con su padre biológico. Sin embargo, se consuela en saber que su verdadero padre es su Padre celestial, que nunca la dejará, nunca la defraudará ni le fallará en ningún aspecto.

"Siempre supe que la pieza que me faltaba en la vida era no haber tenido un padre cuando era niña. Siempre sentí que mi vida estaba incompleta. Sabía que Dios siempre me había amado, pero hasta este año no supe cuánto. Y hoy día, aunque he encontrado a mi padre biológico, Dios sigue siendo el mejor Papá del mundo".

Cuando Ramona le pidió algo "más" a Dios, recibió la posibilidad de conocer a su padre. Pero también recibió la experiencia de saber que ninguna persona o experiencia de este lado del cielo podrá satisfacer ni saciar su vida por completo. Ramona le sigue entregando las piezas rotas de su vida al Señor, quien sigue llenando esos espacios vacíos con su Presencia. Hoy, Ramona te dirá que ha recibido "mucho más abundantemente" de Dios a través de lo que Él le ha permitido aprender acerca de su amor incondicional, inmutable y sacrificial por ella como un Padre.

Dios conoce los anhelos de tu corazón aún más que tú.

¿Cuál es tu punto ciego?

Demasiadas veces suponemos que nuestro punto ciego es el dolor que estamos experimentando y que todo será más claro y mejor cuando pase el dolor. Pero, a menudo, el *verdadero* punto ciego es la obra que Dios quiere hacer en nuestra vida: una obra que aún no vemos.

¿Sigues anhelando un esposo? Tal vez tu punto ciego sea darte cuenta de que Dios quiere ser tu esposo-proveedor y darte el amor que siempre has anhelado.

¿Estás anhelando sostener un hijo en tus brazos? Tal vez tu punto ciego sea descubrir que Dios quiere llenar el lugar de ese anhelo en tu corazón solo con su Presencia.

¿Esperas la sanidad de heridas de la niñez? Es posible que Dios quiera que lo veas como el Padre perfecto que puede sanarte y darte una vida plena.

¿Estás decepcionada porque no has podido cumplir un sueño específico? Tal vez Dios quiera mostrarte que, cuando lo busques a Él con todo tu corazón, estarás viviendo el sueño que Él ha diseñado para tu vida.

Dios conoce los anhelos de tu corazón incluso más que tú. Él sabe qué hay detrás de todo lo que deseas. Y cuando Él se convierta en tu máximo anhelo, o bien te concederá tu deseo ya que sabe que finalmente podrás manejar lo que le estás pidiendo, o tú llegarás a darte cuenta de que no deseas otra cosa más que a Él.

Hace apenas algunos meses, Ramona creía que su testimonio era la historia de cómo Dios se convirtió en su Padre celestial y le ha permitido conocer a su padre terrenal. Estaba muy contenta de poder contar una historia con un final feliz. Esa historia tenía sentido y la hacía feliz. Aunque es verdad que Dios preparó las circunstancias para que ella encontrara a su padre biológico, ahora ve que su historia encierra mucho más. Ahora comprende que Dios quería hacer en ella una transformación mayor para mostrarle que Él es el único que satisface y que nada en esta tierra podrá saciarla como Él. Ahora sabe, por experiencia, que el amor de Dios por ella nunca se podrá comparar a nada de lo que pueda encontrar en esta tierra. Ahora solo busca a Dios. Solo Él es su premio.

Cuando Dios toca nuestro punto ciego

Leemos en las Escrituras que Jesús sanó a un hombre ciego de nacimiento. Y descubrimos tres cosas muy interesantes en esta historia: por qué el hombre era ciego, cómo fue sanado y cómo respondió a la recuperación de la vista.

Sigue la historia de Juan 9 conmigo (y observa las partes que he enfatizado en cursivas):

> Al pasar Jesús, vio a un hombre ciego de nacimiento. Y le preguntaron sus discípulos, diciendo: Rabí, ¿quién pecó, éste o sus padres, para que haya nacido ciego? Respondió Jesús: No es que pecó éste, ni sus padres, sino *para que las obras de Dios se manifiesten en él...* Dicho esto, *escupió en tierra, e hizo lodo con la saliva, y untó con el lodo los ojos del ciego*, y le dijo: Ve a lavarte en el estanque de Siloé (que traducido es, Enviado). Fue entonces, y se lavó, y regresó viendo... Llevaron ante los fariseos al que había sido ciego. Y era día de reposo cuando Jesús había hecho el lodo, y le había abierto los ojos. Volvieron, pues, a preguntarle también los fariseos cómo había recibido la vista. Él les dijo: Me puso lodo sobre los ojos, y me lavé, y veo. Entonces algunos de los fariseos decían: Ese hombre no procede de Dios, porque no guarda el día de reposo. Otros decían: ¿Cómo puede un hombre pecador hacer estas señales? Y había disensión entre ellos... Entonces volvieron a llamar al hombre que había sido ciego, y le dijeron: Da gloria a Dios; nosotros sabemos que ese hombre es pecador. Entonces él respondió y dijo: Si es pecador, no lo sé; *una cosa sé, que habiendo yo sido ciego, ahora veo* (vv. 1-3, 6-7, 13-16, 24-25).

Esta historia nos revela las siguientes cosas:

1. Es posible que nuestro "punto ciego" exista para que Dios se glorifique a través de nuestra vida.

En respuesta a la pregunta de los discípulos sobre el pecado de quién era el responsable de la ceguera de ese hombre, Jesús señaló que la ceguera del hombre no era el resultado del pecado de él ni de sus padres. Era para que Dios pudiera ser glorificado a través de la sanidad que Jesús obrara en él. Piensa en esto por un momento. ¿Podría ser que el "punto ciego" de tu vida (un problema de salud, la ausencia de alguien o algo que anhelas o un área de tu vida en la que necesitas sanidad o una solución) exista para que Cristo pueda ser glorificado en ti?

2. El método de sanidad de Dios a veces puede ser poco convencional o desagradable.

En esta historia vemos que Jesús "escupió en tierra, e hizo lodo con la saliva, y untó con el lodo los ojos del ciego" (v. 6). Ahora bien, no sé tú, pero yo no quisiera que alguien escupiera en la tierra y pusiera lodo en mis ojos. ¡Qué raro, desagradable, antihigiénico! ¿No podría Jesús haber dicho tan solo "sé sano" y que el hombre recuperara la vista? Desde luego, pero Jesús quería que ese hombre le obedeciera, que fuera al estanque y se lavara. Y Él quería que en medio de ese proceso confiara en Él.

¿Puedes imaginar lo que pudo haber estado pasando por la mente de ese hombre mientras caminaba —o tal vez mientras iba tambaleándose al tropezar— hasta el estanque de Siloé? Pudo haber pensado: *Espero que esto funcione o voy a hacer un verdadero ridículo.* O tal vez pensó: *¿Así de simple? ¿Solo tengo que ir al estanque y lavarme? ¡Eso puedo hacerlo!* Me imagino que estaría lleno de entusiasmo ante la posibilidad de ver por primera vez en su vida: *¡Dios, ayúdame a llegar rápido y sin percances hasta ese estanque para que mis ojos sean abiertos y pueda decirles a todos lo que has hecho!*

Dios puede haber decidido que tengas que atravesar un proceso para sanar tu herida. Para Ramona, no conocer a su padre biológico era doloroso. Pero cuando lo encontró y se dio cuenta de que no tendrían la clase de relación familiar que esperaba, aprendió a confiar en Dios en medio del proceso que Dios estaba usando para sanar su corazón y mostrarle que Él es el único Padre que nunca falla.

3. Cuando finalmente podemos "ver", nuestro testimonio es simple.

Los fariseos le estaban haciendo toda clase de preguntas a este hombre que antes había sido ciego. Estoy segura de que el semblante de ellos y sus palabras parecían intimidantes. Pero la respuesta que el hombre les dio fue breve y clara: "Una cosa sé, que habiendo yo sido ciego, ahora veo". Me encanta la simpleza de la declaración de este hombre: su testimonio, su relato de lo que Jesús hizo. Y ¿no es también la historia de cada una de nosotras cuando el Señor toma nuestra vida y nos muestra la verdad? "Puede que no tenga todas las respuestas, pero una cosa sé, que habiendo yo sido ciega, ahora veo".

Hace poco, Ramona me envió un correo electrónico para ponerme al día de la última obra de sanidad de Dios en su vida:

"Finalmente, me di cuenta de la realidad. Encontré a mi papá. Tengo un padre, pero nada más que eso. Sería otro milagro si fuera algo más, pero no lo es. Es lo que es, así que tengo que renunciar a todas mis expectativas con respecto a esa relación y seguir alabando a Dios porque todavía tengo su amor y su cuidado 24 horas al día. He experimentado el rechazo durante toda mi vida, y esta vez acepto el rechazo porque sé que tengo algo mejor en el Señor".

Al igual que el hombre ciego que recibió la vista, Ramona ahora ve por primera vez y puede declarar: "Una cosa sé, que antes no tenía un padre, y ahora lo tengo".

Durante años, Ramona creyó que encontrar a su padre sería el elemento mágico que la haría sentir plena. Sin embargo, hoy día, ella ve que lo que realmente necesitaba desde el principio era confiar con todo el corazón en el amor de su Padre celestial. Dios le mostró que ella ya tenía lo que anhelaba, solo que no se daba cuenta. Dios le permitió ver su punto ciego.

Recupera tu vista

¿Cuál es tu punto ciego? ¿Qué estás anhelando tanto que te impide ver a Dios? Entrégale ese fuerte anhelo a Jesús. Cuando empieces a ver a Dios por encima de todo lo demás, tus ojos serán abiertos a la verdad de quién es Él. Él no solo es Aquel que te conoce, te escucha y te ve. Él es Aquel que también te hace *libre*.

Nuestro Salvador hablaba en serio cuando dijo: "Y conoceréis la verdad, y la verdad os hará libres" (Jn. 8:32).

Descubre tu punto ciego

Responde estas preguntas (en oración o escribe tus respuestas abajo):

1. ¿Qué has estado anhelando, y cómo podría Dios usar ese anhelo para mostrarte algo más acerca de Él?

2. El testimonio (o historia) del hombre ciego fue: "una cosa sé, que habiendo yo sido ciego, ahora veo" (Jn. 9:25). El testimonio de Ramona es: "una cosa sé, que antes no tenía un padre, y ahora lo tengo".

   ¿Cuál es *tu* testimonio que describe lo que Dios ha hecho (o está haciendo) en tu vida?

Una oración por una visión más clara

Dios,

Anhelo ver lo que quieres que vea en este momento. Tú sabes cuánto deseo que soluciones o sanes situaciones de mi vida. Y, sin embargo, tienes mucho más para mí de lo que te estoy pidiendo. Creo realmente que tú puedes hacer mucho más abundantemente en y a través de mí. Por eso te pido que me ayudes a confiar en ti por ese "algo más" que estás esperando hacer en mi vida. Confío en ti, no importa cuán desagradable o poco convencional sea tu proceso. Realmente quiero ver claramente… y ser libre.

Una oración desesperada

Cuando finalmente abres tu corazón

Ella con amargura de alma oró a Jehová,
y lloró abundantemente.

1 SAMUEL 1:10

¿Te has sentido alguna vez totalmente desesperada delante de
Dios?

¿Desesperada por su gracia? ¿Desesperada por su sanidad?
¿Desesperada por su ayuda y su intervención para que no sigas
arruinando tu vida?

Micaela pasó por eso.

Y no le resultó fácil abrirle su corazón a Dios y dar a conocer
su historia a otros.

Micaela me vino a ver después de un retiro auspiciado por su
iglesia, en el cual tuve a cargo dar la palabra. Ese fin de semana,
ella sentía que era la mujer descarriada del grupo, con una botella
de vino escondida para el viaje de regreso y un corazón lleno de
secretos que no quería que nadie conociera.

Pero Dios la quebrantó durante ese fin de semana e impri-
mió en su corazón que nunca es demasiado tarde —ni su vida
demasiado arruinada— para abrirle su corazón a Dios y buscar
su restauración.

"Al final del retiro, cuando no quedaba nadie junto a la plata-
forma, finalmente pasé adelante, me arrodillé y le abrí mi corazón

a Dios —me dijo Micaela a través de un correo electrónico—. Tuve un encuentro con Dios allí. Fue difícil. Finalmente, lloré, clamé a gran voz delante de Dios, me enojé con Él, y después le pedí que me redimiera otra vez".

Las palabras clave son *otra vez*.

Micaela, como muchas mujeres, lucha con un patrón de adicción, arrepentimiento, nuevo comienzo, amor a la vida, recaída, sentimientos de culpabilidad y después empieza todo el ciclo otra vez. Se pregunta a veces: *¿No se cansa Dios de escuchar esto? ¿Nunca dice basta ya?*

Y, sin embargo, ella no es la única. Todas nos hacemos las mismas preguntas de vez en cuando. Todas las mujeres, de alguna u otra manera, tenemos nuestro ciclo de pecado, nuestras adicciones, nuestros días buenos, nuestros días no tan buenos y nuestros días absolutamente horribles. Todas tenemos un lado oscuro que no queremos enfrentar. Todas necesitamos desesperadamente a Dios. Necesitamos que nos escuche, nos mire y se haga presente cuando ve nuestras lágrimas.

Cuando Micaela, una mujer que raras veces llora, finalmente se sinceró con Dios, Él se hizo presente al ver sus lágrimas y le volvió a dar esperanzas.

Micaela soportó un matrimonio abusivo durante doce años. Tuvo dos hijos con su esposo, hasta que se separó legalmente de él para protegerlos. Después se divorciaron. La vida no fue necesariamente más fácil desde entonces.

"No hay justicia en esta tierra, ni en los tribunales —dijo ella—. Los perpetradores salen impunes. Yo vivo con eso. Y estoy mal, porque raras veces lloro. Además, ahora soy adicta al opio. A veces con una pastilla, o dos, me siento mucho mejor. Mi testimonio es tremendo y, si alguna vez vuelvo a ser libre de esto, estoy segura de que servirá para que Dios reciba la gloria".

Todas tenemos una historia que finalmente nos lleva a estar de rodillas delante de Dios. Pero ese día, amiga mía, es cuando nuestras lágrimas son más preciosas para Él. Tan preciosas que las Escrituras dicen que Él las guarda en una redoma. ¿Por qué coleccionaría Dios nuestras lágrimas? Porque tuvieron un costo en nuestra vida y porque Él nos ama. Él no las desperdiciará, porque las lágrimas derramadas en arrepentimiento, dolor y búsqueda de restauración se convierten en parte de la preciosa posesión de nuestro Padre celestial. Se convierten en algo que Él puede redimir y restaurar.

"Pensé que mis lágrimas eran horribles —dijo Micaela en referencia al día en el que luchó a solas con Dios después del retiro de mujeres—. Cuando lloro suelo sacar todo lo feo que tengo adentro, por eso lo hago a solas. Fue realmente horrible, estaba desaliñada, con rímel y mocos por toda la cara y agitaba los puños al aire preguntando: '¿Por qué?'. Pero después me humillé y le supliqué suavemente que me tocara; porque aunque esté enojada con Dios, con los hombres y conmigo misma, quiero sentir el amor incondicional de Dios, quiero poder amarme a mí misma y después volver a confiar en un hombre para poder enamorarme algún día y quizás volverme a casar".

¡Oh, el clamor del corazón de una mujer sincera delante de Dios!

Micaela recibió una vez más la restauración de Dios, y está tratando de vivir un día a la vez.

Desahógate y llora

El desconcierto interno en nuestra vida personal es una situación que nos lleva a abrir nuestro corazón a Dios en oración. Podemos encontrar alivio cuando confesamos nuestros pecados, como lo hizo Micaela, y cuando le pedimos a Dios que restaure nuestra vida otra vez. Dios nos ofrece restauración y alivio cuando le abrimos nuestro corazón. Sin embargo, a veces terminamos acudiendo a Dios totalmente exhaustas debido a las circunstancias que

"Pude ver que Dios estaba obrando de muchas maneras… Pero no con sanidad divina".

están sucediendo a nuestro alrededor. Eso es lo que le pasó a Gabriela. Ella se sentía agobiada e impotente a causa del dolor y el sufrimiento de haber perdido a tres mujeres muy cercanas a ella.

En un breve período de tiempo, Gabriela, esposa de pastor de una iglesia grande de Colorado, perdió a tres preciosas mujeres que formaban parte de su vida.

Primero, ella y su esposo Timoteo perdieron cada uno a su padre. Después, a la madre de Gabriela le diagnosticaron la enfermedad de Alzheimer con 82 años de edad.

"Mi mamá siempre fue mi mejor amiga. El aliento y la sabiduría que recibí de ella a través de los años me ayudó en gran medida a ser una esposa, madre y ministro a tiempo completo por más de treinta años" —dijo Gabriela. Así que fue doloroso para ella ver a su madre deteriorarse durante siete años antes de fallecer a los 89 años.

"Cada año que pasaba, durante esos siete años, mi mamá estaba peor —dijo Gabriela—. Aunque el Señor me ayudó a encontrar un excelente hogar donde cuidaran de ella durante las veinticuatro horas, fue una decisión desgarradora".

Durante el primer año de internación de su madre, a Débora —una amiga cercana de Gabriela— le diagnosticaron cáncer y vivió solo dos años más después de su diagnóstico.

"Además, durante el segundo año de enfermedad de mi madre, la salud de mi suegra se deterioró. Ella también tuvo que ser internada en un centro geriátrico —dijo Gabriela—. Estas tres mujeres eran creyentes firmes, que habían tenido una vida recta y piadosa. Las oraciones diarias y el ayuno se convirtieron en una norma para mí y muchas otras guerreras de oración; sin embargo, parecía que era en vano. No recibíamos respuesta a nuestras oraciones de la manera que esperábamos".

Aunque Gabriela oraba por la sanidad de estas mujeres o para tener alguna certeza de que la situación de ellas mejoraría, eso nunca sucedió.

"Pude ver que Dios estaba obrando de muchas maneras —dijo Gabriela—. Pero no con sanidad divina. Durante estos años difíciles, nunca tuvimos un buen reporte ni vimos una mejoría en la salud de nuestras madres o de mi amiga. Fue desgarrador y puso a prueba mi fe. Fue sumamente difícil estar en el ministerio a tiempo completo y tener que guiar a una grey. Fue muy doloroso ver que la salud de mi mamá y mi suegra se iba deteriorando y que Débora empeoraba. Sin embargo, puedo dar testimonio de la gracia de Dios que me sustentó. No era la respuesta que esperaba pero, aun así, Él tenía a estas mujeres en las palmas de sus manos".

Gabriela admite que hubo veces en que las pérdidas que experimentaba en su vida parecían ser más de lo que podía soportar.

"Desesperada, en varias ocasiones, hice las maletas para irme, pero el Señor siempre enviaba a alguien para detenerme y hacerme recapacitar, o escuchaba un sermón que rompía las cadenas de la desesperación y la incredulidad. Además, Dios traía a mi vida personas que necesitaban consejo y oración, cuando yo estaba peor que ellas. Esto me confundía: ¿por qué Dios quería que yo ayudara a otros cuando yo estaba tan necesitada de la ayuda de otros? Sin embargo, pude ver qué estaba haciendo Dios. Aprendí a dar en extremo dolor y a dejar que su Espíritu hable a través de una vasija quebrada. Aun cuando pensaba que ya no creía más, el Espíritu en mí era más fuerte y predominaba sobre mi carne, para que pudiera ministrar a otros. Estas fueron grandes lecciones de vida de parte del Señor, y realmente aprendí que 'cuando soy débil, entonces soy fuerte'".

Las lecciones de vida de Gabriela eran la esencia de lo que el apóstol Pablo escribió en 2 Corintios 12:9-10:

> Y me ha dicho: Bástate mi gracia; porque mi poder se perfecciona en la debilidad. Por tanto, de buena gana me gloriaré más bien en mis debilidades, para que repose sobre mí el poder de Cristo. Por lo cual, por amor a Cristo me gozo en las debilidades, en afrentas, en necesidades, en persecuciones, en angustias; porque cuando soy débil, entonces soy fuerte.

Acude a Dios

Gabriela no solo recibió fortaleza de Dios en su aflicción y su debilidad, sino que durante ese tiempo difícil aprendió qué significa realmente clamar a Dios en la desesperación. Y aprendió que, aunque Dios no le estaba dando lo que ella pedía, le estaba dando su presencia.

"Su respuesta fue que Él es soberano y que tiene un plan para mi vida, el cual no siempre tiene sentido. Sus caminos son más altos y muy diferentes a los míos (Is. 55:8-9). A veces, Él nos coloca en lugares incómodos. Al principio, las aflicciones que vivimos en estos lugares nos causan un profundo dolor y nos provocan angustia. Gritar, llorar y sentirse sola no cambiará nada. Tuve que aprender de la peor manera a acudir a la Palabra de Dios diariamente y a encontrarme con Él para recibir la paz que necesitaba para enfrentar cada día; no por una semana, ni por un mes, sino por *varios años*. ¡Aprendí (y a menudo *sigo aprendiendo*) a no entregarme al dolor, a la injusticia o al cuestionamiento, sino a *Dios*! Esto no es fácil".

"Mi carne quiere sentirse mejor y que todo esté 'normal'. Pero Dios nos mantiene envueltos en un oscuro capullo para que nuestra única opción sea acudir a Él —y a nada ni nadie más— hasta que seamos verdaderamente fuertes para salir convertidas en una mariposa. ¿Y adivina qué? La vida no parece la misma cuando salimos. Lo 'normal' ahora es según Dios. Nunca hubiera pensado, después de conocer al Señor y trabajar en su reino por treinta años, que tendría que aprender esto a este nivel. Pienso que, como cristianos, no esperamos enfrentar este nivel de quebrantamiento porque sabemos cómo evitar el pecado y sus efectos. Pero vivimos en un mundo caído, y seguimos sufriendo sus efectos".

La conmovedora oración de Ana

¿Cómo es abrir nuestro corazón en oración desesperada para que Dios nos escuche?

Para Gabriela, a veces era oscuridad y silencio, sin embargo, con una serena certeza de que Dios estaba presente y la escuchaba.

Para Micaela, era estar desaliñada con la cara llena de mocos y enojada, y después apaciguarse.

Para Ana, probablemente era un poco de ambas cosas.

Cuando nos imaginamos a Ana, al tratar de recuperar su compostura y buscar un lugar tranquilo para pasar tiempo a solas con Dios, pensamos en una mujer serena y tranquila que le abre discretamente su corazón a Dios. Pero me pregunto si la escena no se caracterizó más por lo opuesto.

Las Escrituras no dan a entender que la oración de Ana fue un susurro sereno, que solo Dios escuchó. Antes bien, el pasaje dice que "ella con amargura de alma oró a Jehová, y lloró abundantemente" (1 S. 1:10). El texto hebreo original implica enojo y llanto a lágrima viva.[1] Como dice una versión "con gran angustia comenzó a orar al Señor y a llorar desconsoladamente".[2]

La oración de Ana era un cúmulo de frustración, enojo, angustia, profunda decepción y desconsuelo, que manifestó delante de Dios sin reservas.

Además, las Escrituras no dejan las palabras de su oración a nuestra imaginación, sino que nos dice cuáles fueron esas palabras expresadas entre lágrimas. La Nueva Versión Internacional describe su oración de esta manera:

> Con gran angustia comenzó a orar al Señor y a llorar desconsoladamente. Entonces hizo este voto: "Señor Todopoderoso, si te dignas mirar la desdicha de esta sierva tuya y, si en vez de olvidarme, te acuerdas de mí y me concedes un hijo varón, yo te lo entregaré para toda su vida, y nunca se le cortará el cabello" (vv. 10-11).

Dios escuchó la oración y el voto de Ana, y le concedió su petición. Pero antes de pasar al siguiente capítulo para analizar

---

1. El término hebreo *mar*, traducido "amargura", también puede significar enojo o irritación. *Diccionario hebreo y griego de Strong*, E-Sword.
2. Nueva Versión Internacional.

el "voto" de Ana y el compromiso de cumplirlo tras la respuesta de Dios a su oración, quiero que veamos *cómo* fue la oración de Ana y qué connotación tiene para *ti* en tu frustración, amargura, aflicción o profunda decepción.

La oración de Ana

Lee la descripción de las Escrituras sobre la oración de Ana:

> Mientras ella oraba largamente delante de Jehová, Elí estaba observando la boca de ella. Pero Ana hablaba en su corazón, y solamente se movían sus labios, y su voz no se oía; y Elí la tuvo por ebria. Entonces le dijo Elí: ¿Hasta cuándo estarás ebria? Digiere tu vino.
>
> Y Ana le respondió diciendo: No, señor mío; yo soy una mujer atribulada de espíritu; no he bebido vino ni sidra, sino que he derramado mi alma delante de Jehová. No tengas a tu sierva por una mujer impía; porque por la magnitud de mis congojas y de mi aflicción he hablado hasta ahora (1 S. 1:12-16).

Ahora bien, una cosa es orar discretamente y apenas mover tus labios. ¡Y otra completamente distinta es parecer ebria! Y para que el sacerdote Elí la tomara por ebria, ella debe haber estado haciendo mucho más que tan solo mover sus labios. Debe haber estado exaltada con apariencia de estar bajo los efectos de algo. Después de todo, ella dijo "de mi aflicción he hablado hasta ahora".

¿Has orado alguna vez de esa manera? ¿Tan exaltada que estás totalmente compenetrada con lo que estás orando? "Ya basta. Señor, no puedo soportar más esto. Estoy desesperada por tu intervención. ¡Haz algo, porque ya no puedo seguir viviendo así!".

¿Acaso estás en este momento en una situación desesperante como la de Ana, dispuesta a hacer un pacto con Dios?

"Señor, dame lo que quiero y yo te daré lo que me pidas".

"Dios, te ruego que me des un bebé y yo te lo devolveré a ti como hizo Ana".

"Señor, te ruego que me des un esposo y nunca te volveré a pedir otra cosa".

"Dios, te ruego me quites este dolor o me lleves al hogar celestial, porque no quiero seguir viviendo así".

A veces, podemos estar tan enfocadas en lo que queremos que estamos dispuestas a hacer *cualquier cosa* para conseguirlo. Dios también ve esa clase de desesperación. Y no la toma a la ligera.

Eclesiastés 5:5 dice: "Mejor es que no prometas, y no que prometas y no cumplas". Al parecer, Ana conocía la seriedad de hacer un voto, y no lo hizo apresuradamente o sin pensarlo. Ella había estado llorando, se había negado a comer y había escuchado las palabras de su esposo para que "recapacitara". Posteriormente, se recompuso, comió y *después* se fue a abrirle su corazón a Dios. Ten en cuenta, también, que hacía "muchos años" que Ana estaba soportando esa difícil situación. Había sido un proceso largo y doloroso. No sabía qué más hacer. Y estaba dispuesta a hacer lo que fuera para que Dios la escuchara y le concediera su petición.

En nuestras palabras, hoy día su oración podría ser así:

> Dios, nunca he hablado más en serio que ahora. Esto es lo que *más* anhelo en la vida. Pero ahora lo quiero para *ti*. Si tú me das un hijo, yo te lo dedicaré a ti todos los días de su vida. Él estará *contigo* más de lo que estará conmigo. Pero eso no importa, porque ya no se trata de mí. Lo quiero para *tus* propósitos. Y quiero que *tú* estés complacido con mi petición.

Quisiera que observes algunas cosas sobre el conmovedor "pacto" de Ana con Dios.

1. Ana fue específica al orar. Y su petición fue: "Si me concedes un hijo…". No dijo: "Lo que hagas, Dios, estará bien". Su petición fue muy clara y específica. ¿Estás dispuesta a ser específica con Dios y pedirle exactamente lo que quieres?

2. *Ana mostró fe al orar.* Ana declaró al Señor su parte del pacto, si Él le concedía su petición. Eso indica que estaba pidiendo con fe, creyendo que Él respondería. En Marcos 9:17-27, un hombre le pidió a Jesús que sanara a su hijo endemoniado, y dijo: "Si puedes hacer algo, ten misericordia de nosotros, y ayúdanos". ¿Cómo respondió Jesús? Miró al hombre directamente a los ojos y le dijo: "*¿Si* puedes?*". En otras palabras: "¿Tú vienes a mí y me pides algo que no estás seguro de que puedo hacer?". Entonces Jesús dijo: "Si puedes creer, al que cree todo le es posible". Después, el hombre respondió con mucha sinceridad: "Creo; ayuda mi incredulidad". Dios quiere que le pidamos en fe, con la confianza de que Él sabe cuál es la mejor respuesta para nosotras.

Dios quiere que le pidamos en fe, con la confianza de que Él sabe cuál es la mejor respuesta para nosotras.

3. *Ana estaba rendida al orar.* Si "me concedes un hijo varón, yo te lo entregaré para toda su vida". Se esperaba que los padres israelitas devotos dedicaran su primer hijo al Señor, ya que era un requisito de la ley de Moisés (Éx. 22:29). Sin embargo, Ana se extendió un poco más en su oración. Al parecer, estaba haciendo un voto nazareo (aunque nunca usó la palabra *nazareo*) en nombre de su hijo; que incluía no cortarse el cabello y no beber ninguna bebida fermentada por un período de tiempo específico a fin de apartarse para Dios (Nm. 6:2-7). Curiosamente, no encontramos en la Biblia ningún otro ejemplo de alguien que hiciera un voto en nombre de otra persona.[3] Con su ofrecimiento de volver a entregar a Dios el hijo tan esperado, Ana estaba demostrando que reconocía que lo que había

---

3. *The Woman's Study Bible* (Nashville, TN: Thomas Nelson Publishers, 1995), p. 445.

pedido y recibido, al fin y al cabo, era de Dios. Esto encierra el principio para tener presente en *cualquier cosa* que le pidamos a Dios.

¿Qué sucedería si tú y yo tuviéramos esa perspectiva con respecto a todo lo que tenemos y todo lo que pedimos? Tal vez pediríamos menos. Tal vez pediríamos más. En todo caso, nuestras oraciones serían totalmente diferentes.

Cuando Dios parece no escuchar

He escuchado a muchas mujeres decir que no pueden llegar al grado de "derramar su alma" en oración, porque parece que sus oraciones rebotan cuando llegan al techo.

Todas pasamos por la experiencia de orar y sentir como si no estuviéramos hablando con Dios. Podría haber algunas razones para eso. Una de ellas podría ser que no tenemos una relación con Dios. (Puedes leer el Apéndice A, "Cómo saber si eres una hija de Dios", para tener la seguridad de que tienes una relación con Él). Otra razón podría ser que tienes pecados no confesados en tu vida. Si estás viviendo en desobediencia a Dios, no puedes esperar que Él escuche tus peticiones. Pero si has examinado tu vida y sabes en tu corazón que estás bien delante de Él, quizás Dios esté permitiendo que camines por un valle silencioso para que puedas sentir su presencia en el silencio y no necesariamente sus palabras en el caos.

Alina (del capítulo 2), que vio cómo el cáncer se llevó la vida de su esposo y después se manifestó en su propio cuerpo, dice: "Yo pasé por lo mismo, y a veces me preguntaba si Dios me escuchaba, pero ahora sé que, aun cuando Él hace silencio, me escucha. Clamar a gran voz, no te separa de Él. Dios te escucha. Procura ser auténtica con Él y predisponerte a escuchar lo que Él quiere hacer en tu vida. Presta atención a los momentos de Dios".

"Todos los días detecto momentos de Dios en mi vida. Algo pasa y sé, sin lugar a dudas, que Dios está detrás de eso. Y pienso: *Eso fue de Dios. ¡Él lo hizo!*".

Reconocer la obra de Dios en nuestra vida es solo una manera de tener certeza de que Él no se ha olvidado de nosotras cuando todo está en silencio. Y aunque no estemos seguras, debemos mantener los canales de comunicación abiertos para que nos resulte fácil orar cuando la tragedia nos golpea o el desaliento aumenta.

Sin embargo, a veces nuestras propias dudas nos dicen que Dios no nos escucha, y necesitamos contrarrestar eso con fe en la Palabra de Dios y su promesa de escucharnos (1 Jn. 5:14-15). También debemos asegurarnos de no ser complacientes en nuestra vida de oración y caer en el patrón de "hablar", pero sin "escuchar" realmente a Dios. Por lo tanto, cuando sentimos que nuestras oraciones rebotan en el techo, en vez de entregarnos a la resignación, debemos perseverar y "perforar" ese techo con oraciones llenas de pasión.

Ahora bien, si estás determinando si Dios escucha tus oraciones con base en si te ha concedido tu petición, no estás usando una manera justa de constatarlo. La presencia de Dios está allí. Él escucha todo lo que dices. Pero *cómo* responde específicamente a tu petición es un asunto totalmente diferente.

¿Es posible que Dios no esté respondiendo tu oración porque le has puesto condiciones a tu petición?

Hay muchas personas que piden cosas en oración a Dios y le dicen, desganadamente, que lo honrarán si Él las honra primero:

Dios, si me das este trabajo, volveré a la iglesia.

Dios, si me das un esposo, te volveré a servir.

Dios, si me prosperas en mi profesión, empezaré a dar dinero para tu obra.

No sabes la cantidad de veces que mi esposo, como pastor, ha escuchado decir: "Pastor, ore para que consiga este trabajo, y así podré asistir más fielmente a la iglesia", o "Pastor, le pido que ore para que me den un aumento, y así podré dar más dinero para la iglesia". Mi paciente esposo incluso ha escuchado: "Pastor, ore para que me gane la lotería este fin de semana. ¡Prometo dar la mitad de lo que gane a la iglesia!". (¡Y todas esas peticiones de oración fueron en serio!). ¿Puedes creer que cada vez que hemos visto la respuesta favorable a esas "peticiones de oración condicionales" (y no por la oración de mi esposo, estoy segura), la persona que consiguió el trabajo o el ascenso o el aumento nunca volvió a aparecer? (Por si lo estás preguntando, ¡todavía no hemos visto que Dios responda la oración de alguien que quiere ganarse la lotería!).

¿Has considerado alguna vez que Dios quiere que le pidamos aquello que Él quiere darnos?

Si una persona no le está dando a Dios la prioridad en su vida, su tiempo o su dinero ahora, no lo comenzará a hacer cuando Dios la bendiga más. Además, ¿has considerado alguna vez que Dios quiere que le pidamos aquello que *Él* quiere darnos? (Veremos más al respecto en el capítulo 7).

Una nueva perspectiva

Dios no solo busca nuestra dependencia y persistencia en la oración. Él quiere ver en nosotras el deseo de que *Él* use cualquier cosa que nos dé para *su* gloria y su honra. En 2 Crónicas 16:9 leemos: "Porque los ojos de Jehová contemplan toda la tierra, para mostrar su poder a favor de los que tienen corazón perfecto para con él".

¿Recuerdas cuando el rey Salomón le pidió sabiduría a Dios? Básicamente, Dios le dijo a Salomón: "Pide lo que quieras y será tuyo". Dichosamente, Salomón eligió la sabiduría; él quería saber cómo gobernar sabiamente al pueblo de Dios. En consecuencia, Dios tuvo el placer de darle a Salomón no solo sabiduría, sino mucho más, porque el deseo de Salomón era complacer a Dios.

Cuando Micaela abrió su corazón, como vimos anteriormente en este capítulo, Dios vio su deseo de glorificar su nombre y restauró su vida y su servicio para Él.

Cuando Gabriela abrió su corazón, Dios no sanó a las mujeres por las que estaba orando. En cambio, le permitió ministrar a las personas a otro nivel como resultado del quebrantamiento que estaba experimentando.

Por lo tanto, a veces la respuesta de Dios es sí y otras veces es no. *Cómo* responde, es asunto de Él. En su perfecto amor y sabiduría, Él sabe qué es bueno y mejor para nuestra vida. Nosotras debemos orar… y confiar en Él. Y, cuando oramos, deberíamos hacerlo con el deseo de volverle a dedicar aquello que nos dé.

¿Cómo deberíamos orar?

En la historia de Ana, vemos que ella lloró amargamente y clamó a Dios, y Él la escuchó. Un comentarista bíblico dice que Ana se destacaba entre los de su época por la sinceridad con la que oraba. "La tristeza de su corazón y su persistencia en la oración contrastaban enormemente con la corrupción en la adoración que prevalecía bajo el liderazgo de los hijos de Eli (1 S. 2:12-17)".[4] ¿Cómo te destacas en tu manera de persistir en la oración o en lo que anhelas?

Las Escrituras dicen: "Y Cristo, en los días de su carne, ofreciendo ruegos y súplicas con gran clamor y lágrimas al que le podía librar de la muerte, fue oído a causa de su temor reverente" (He. 5:7). Este versículo nos hace pensar en la oración que Jesús hizo en el huerto de Getsemaní, justo antes que lo arrestaran y lo llevaran para ser crucificado por los pecados del mundo. Las Escrituras dicen que mientras oraba, el sudor de Jesús era como grandes gotas de sangre. ¿Puedes imaginar la intensidad de esa oración? ¿Acaso sabemos cómo es orar con tanta desesperación hasta el grado de sudar gotas de sangre?

Por el contrario, pienso que demasiadas veces nos encontramos del otro lado del espectro en referencia a nuestras oraciones. Tendemos a sentir muy poco y a "orar con cautela".

Recuerdo orar ardientemente para que Dios hiciera su obra cuando estaba esperando que me publicaran el primer libro. Yo sabía, más allá de toda duda, que Dios me había llamado a escribir. Había recibido reiteradas confirmaciones. Solo estaba en ese

───────────────

4. *The Woman's Study Bible*, p. 445.

período de espera extenso y difícil… esperando el tiempo de Dios, que frecuentemente parece ser más lento que el nuestro. "Por favor, ora para que acepten la propuesta de mi libro. Por favor, ora para que no se posponga más", le dije a una buena amiga.

Su respuesta fue: "Voy a orar por eso, si es la voluntad de Dios". Yo sabía a qué se refería. Desde luego que ella quería la voluntad de Dios para mi vida, y yo también. Pero Dios ya había establecido y confirmado su voluntad de que yo escribiera libros unos años atrás. Me pregunto si las personas a veces responden de esa manera para no tener que orar por algo específico, *por si acaso no sucede*. A veces podemos usar la "voluntad de Dios" como una escapatoria. Después de todo, nadie quiere orar por algo que finalmente no va a suceder. Nos gustan las oraciones exitosas. Nos gusta orar por cosas tangibles y específicas, solo si creemos que esas cosas son realmente posibles. Pero eso no es fe.

Sinceramente, creo que nos resultan demasiado difíciles las oraciones que requieren de fe. O, por lo menos, somos renuentes a orar de esa manera. Si Dios no responde nuestra oración de la manera que esperamos, tenemos miedo de parecer que estamos dudando, que no fuimos obedientes o que no fuimos sinceras en nuestra oración.

Solo al cultivar intimidad con Dios empezamos a ver y querer lo mismo que Él en cualquier cosa que le estemos pidiendo. Aunque podríamos empezar a orar por algo específico, con el tiempo, esa petición específica podría cambiar. Por ejemplo, en vez de orar: "Dios, ayúdame a conseguir el contrato de este libro", tuve que cambiar mi forma de orar y decir: "Dios, te ruego que hagas en mí la obra que tú desees para que pueda producir el libro que glorifique tu nombre". Hay mucho más de Dios en esa oración y menos de mí. Y, justamente, esa podría ser la razón por la que finalmente Él responda. Dios me mantiene a raya como un instrumento en sus manos, a través del cual puede y recibirá la gloria debida a su nombre.

Ahora quisiera que la petición de oración que le hice a mi

amiga hubiera sido: "Por favor, ora para que Dios haga su obra en mí mientras espero su tiempo en todo esto". Esta también hubiera sido una oración específica y tangible. Y hubiera sido una manera de orar conforme a la voluntad de Dios para mi vida, en vez de esperar que Dios responda de cierta manera.

¿Qué estás esperando?

Antes de concluir este capítulo, es importante que entendamos que, en la vida de Ana —y en la nuestra—, Dios es Aquel que tiene el control sobre lo que nos falta y lo que deseamos ardientemente. Así como "el Señor no le había dado hijos" y estaba preparando a Ana para un momento de su vida en el que acudiría a Él en oración desesperada, Él tiene el control de aquello que te ha acercado a Él también. Él puede darte en cualquier momento aquello que tanto deseas. Pero si todavía no ha respondido tu oración, o es que Él sabe que no lo necesitas tanto como piensas o bien está desarrollando en ti una dependencia de Él y una desesperación por Él que no cultivarías si hubieras recibido lo que querías tan pronto se lo pediste. Aun otra posibilidad es que Dios te está preparando para el momento en que te dé lo que le estás pidiendo.

No importa qué suceda, ábrele tu corazón a Él, amiga mía. Él te escucha. Y es muy posible que Él esté esperando que le pidas exactamente lo que *Él* quiere darte.

Adquiere confianza en la oración

Lee los siguientes versículos y escribe aquí lo que dicen sobre cómo deberíamos orar:

1 Juan 5:14-15

Mateo 21:22

Filipenses 4:6

Una oración transparente

Señor,

Tú sabes lo que deseo más que ninguna otra cosa. Y sé que tú quieres ese lugar en mi vida. Por lo tanto, ayúdame a ponerte en primer lugar en mi vida y a tener los mismos deseos que tú para mi vida. Ayúdame a tener tu mismo sentir y tus mismos deseos. Ayúdame a querer solo lo que tú quieres. Y ayúdame a estar dispuesta a devolverte aquello que mi corazón desea. Anhelo que tus propósitos se cumplan en y a través de mi vida. Por lo tanto, haz tu voluntad conmigo y con todo lo que tengo y no tengo. Estoy dispuesta a que transformes mi vida.

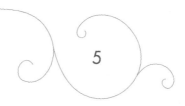

Una calamidad inesperada

Cuando sucede lo impensable

> No tengas a tu sierva por una mujer impía;
> *porque por la magnitud de mis congojas y de*
> *mi aflicción he hablado hasta ahora.*

1 SAMUEL 1:16

La vida y el matrimonio de Amanda, finalmente, se estaban reencauzando en la dirección que ella esperaba.

Jaime, su esposo, era un enérgico pastor de 29 años, que había aceptado tomarse un año sabático para pasar más tiempo con su esposa y su hija, Belén, de dos años y medio. Vislumbraban nuevas posibilidades en el horizonte y esperaban con gran expectativa que Dios les mostrara el rumbo a seguir en la vida personal y ministerial de Jaime.

Fue en ese momento, al umbral de un nuevo capítulo en sus vidas, que sucedió lo impensable. A primera hora de la mañana del domingo, 19 de mayo de 2012, Amanda se despertó con un mensaje de texto que decía: "¿Todo bien? Acabo de escuchar las noticias". Después del mensaje, escuchó que alguien llamaba a la puerta principal. Cuando abrió la puerta vio a dos capellanes (pastores asistentes de su iglesia) y dos miembros de la iglesia. Los cuatro se veían terriblemente consternados. Uno de ellos había empezado a llorar.

"Amanda, hubo un accidente —dijo uno de ellos—. Tu esposo recibió un disparo".

Llevaron a Amanda al hospital, pero descubrieron que Jaime había llegado muerto. Pronto Amanda se enteró de que no había sido un "accidente".

Una mujer, supuestamente enferma mental, que según se decía había estado persiguiendo al pastor Jaime, resentida por la influencia positiva que ejercía en los miembros de su familia —muchos de los cuales asistían a la iglesia desde hacía mucho tiempo—, fue a la iglesia temprano aquella mañana con la idea de matarlo. Aunque se suponía que Jaime no estaría allí aquella mañana, y nadie sabía que iba a estar, ella preguntó por él y le disparó a quemarropa apenas lo vio. Jaime solo tuvo tiempo suficiente para abrir una puerta a la fuerza (que, a propósito, testigos dijeron que estaba trabada por dentro), dar algunos pasos y tambalearse sobre el césped, donde se desplomó en los brazos de una de los capellanes de guardia que estaba en el estacionamiento y corrió hacia él. Más tarde, la capellana le informó a Amanda que había podido presenciar los últimos momentos de Jaime y que había muerto en paz, porque Dios le había dado la seguridad de que cuidaría de Amanda y Belén.

"Ese día empecé a atravesar un proceso, en el que clamé mucho a gran voz delante de Dios —dijo Amanda—. Estaba consternada, enojada y herida. Jaime y yo habíamos llegado a un punto muy difícil en nuestro matrimonio. Muchas personas no son conscientes de cuánto tiempo deben dedicar los pastores a atender a las personas que sirven, y la familia del pastor, por lo general, recibe las 'sobras'. Jaime y yo habíamos iniciado el camino hacia la redención de nuestro matrimonio".

"De repente, no solo me quedé sin mi compañero, mi amigo y mi amor, sino que también me arrancaron de los brazos la oportunidad de experimentar de nuevo un matrimonio entero y sano".

Amanda se quedó sola a cargo de Belén, su hija de dos años y medio.

"Ha sido un proceso realmente doloroso. Hubo días que ni

siquiera quería salir de la cama. Pero me tenía que levantar por Belén —dijo ella—. Desde ese día, he pasado mucho tiempo clamando a gran voz a Dios. Le he preguntado qué vio en mí para pensar que podía soportar algo así. ¿Cuál es el propósito superior? ¿Cuál es el rumbo de mi vida ahora?".

"La respuesta de Dios no es esencial para mi confianza en Él".

"No he tenido una respuesta clara a mi clamor, pero he recibido la certeza de una cosa: la respuesta de Dios no es esencial para mi confianza en Él. El Creador del universo no tiene que cumplir con mis exigencias de una revelación total. En cierto sentido, entiendo qué sintió Job cuando Dios le respondió. He dejado de hacerle exigencias a Dios, y ahora busco verdaderamente su rostro. Me había olvidado de mi primer amor. Había descuidado mi relación con Él. Entonces, cuando la tragedia llegó a mi vida, me invadió la confusión".

Amanda sabía que la presencia de Dios en su vida era continua. Ella sabía que Él nunca la había abandonado. Pero también sabía que se había distanciado de Él. "Cuando me volví a acercar a Dios y le aclaré que no tenía idea de cómo volver a avivar el romance, por así decirlo, pude sentir su presencia y ver su rostro. Esta ha sido mi mayor recompensa. Esta ha sido mi respuesta".

La necesidad de procesarlo

Al leer la historia de Amanda, puede que tú también sientas ese nudo en el estómago. *¿Cómo puede ser esto algo bueno? ¿Cómo pudo Dios haber permitido esto?* Sin embargo, la iglesia se unió para cumplir el legado de amor y servicio "creativo" del pastor Jaime y Amanda avivó su relación personal con Jesús. Estos son solo algunos de los tesoros que podemos ver como resultado de esta tragedia.

"Sin duda alguna, puedo ver la mano y la providencia de Dios en esto —dijo Amanda—. Las bendiciones que recibí en medio del dolor han sido el reconocimiento de que Dios es bueno, que nunca me ha dejado sola y que su plan para mi vida será precioso. No es que sienta que de ahora en adelante todo será fácil, ni que nunca volveré a derramar otra lágrima; tengo la certeza absoluta de que Él ya me ha abierto el camino. Me resulta más fácil confiar en Dios actualmente, en medio de mis carencias por no tener a mi esposo. Todavía hay momentos cuando me siento decepcionada, frustrada, triste o sola, pero ahora sé que Dios ha visto mis lágrimas y mi clamor, y que camina a mi lado a medida que sigo adelante en su senda perfecta".

Amanda admite que antes de la muerte de Jaime "estaba totalmente descarriada".

"No tenía el aliento de otras mujeres piadosas que hubieran pasado lo mismo que yo, como esposa de pastor. Antes de la muerte de Jaime, vivía arraigada a la amargura y el enojo por las heridas que el ministerio me causaba. Vivía con tanto hastío, que todos me evitaban. Aun en medio de todo eso, puedo mirar atrás y ver evidencias del amor de Dios por mí. Y cuando Jaime murió, a pesar de estar tan herida, pude ver la evidencia del continuo amor de Dios por mí a través de las personas que me amaban, las cartas que recibía y los abrazos que me daban. Sé que el Creador del universo lloraba y me mostraba su amor en medio de todo eso".

"¡No fue hasta que leí el libro *Cuando una mujer se siente sola*[1] que me di cuenta de que nunca había estado sola! Después le pedí perdón a Dios por mi enojo y amargura. Eso, a la vez, me acercó más a Él. Es asombroso lo que sucede cuando, como mujeres, le rendimos el control de nuestra vida a Dios. Ahora descanso en la certeza absoluta de que Dios tiene un plan precioso para mi hija y para mí".

Certeza absoluta

Amanda pudo encontrar consuelo y fortaleza en algunas conversaciones que había tenido con Jaime un par de meses antes que él falleciera, conversaciones que ahora la convencen de que Dios

---

1. Cindi McMenamin, *Cuando una mujer se siente sola* (Grand Rapids: Editorial Portavoz, 2014).

estaba obrando desde entonces para darle la paz y la certeza de que Él sabía lo que sucedería, que tenía el control y estaría a su lado.

Casi dos meses antes que lo mataran, Jaime le dijo a Amanda que había soñado que él y Jesús estaban caminando juntos y que Jesús llevaba a Belén sobre sus hombros. Jaime le preguntó a Jesús:

—¿Por qué Belén está sobre *tus* hombros? ¿Por qué no la llevo yo sobre *mis* hombros? Yo puedo cargarla. Ella es mi hija.

—*Yo* seré su protector —le respondió Jesús.

Recordar esa conversación con Jaime dio paz a Amanda dos meses después, cuando empezó a tener temor de cómo afectaría a su hija crecer sin un padre y un protector.

Además, seis meses antes del asesinato de Jaime, alguien de la congregación había muerto repentinamente. En el funeral, Jaime le había susurrado: "Amanda, si alguna vez me pasa algo, quiero que llores mi muerte, pero que después sigas adelante".

"Me tomó un año llorar la muerte de Jaime —dijo Amanda—. Y finalmente puedo seguir adelante. Este año tuve muchos altibajos, pero ahora siento mucha paz".

Cuando Amanda me contó su historia por primera vez, estaba enmarcada en el hecho de lo que Dios estaba haciendo en medio de todo eso para mostrarle su amor, su providencia y su protección para ella y su pequeña Belén.

> Dios puede hacer mucho más de lo que esperas con las lágrimas que has derramado.

El vacío de Amanda era una dependencia de Dios que nunca había pensado que podía tener. Y hoy día, está empezando a ver cómo Dios ha tomado esa enorme pérdida en su vida y la está convirtiendo en un legado.

"El legado es que esto no va a destruirnos. Podemos recoger los escombros. Puedo mirar la destrucción que causó la bomba atómica y sus ondas expansivas y decir: 'Tú y yo podemos hacer esto, Dios. Y no voy a perder de vista quién eres tú. No voy a olvidarme de quién eres tú en mi vida'".

¿Y tú?

Sé que tú también puedes estar experimentando lo impensable en tu vida. Una niñez de abuso, una traición o un corazón destrozado cuando eras más vulnerable, una adicción que te tomó por sorpresa, un divorcio que nunca pensaste que sucedería o la pérdida de alguien que amabas entrañablemente. Tal vez uno de tus temores de repente se hizo realidad. Aunque no sé qué es lo impensable en tu vida, sí sé esto: muy próximo a lo impensable está el Dios de lo imposible. Y, además, Él puede hacer mucho más de lo que esperas con las lágrimas que has derramado. En su amor y su bondad, que a lo mejor no comprendas de este lado del cielo, Dios permite lo impensable para poder recibir toda la gloria.

Cuando a los injustos les suceden cosas malas, solemos tener cierto sentido de la justicia. A veces recibimos mayor confianza en Dios y la certeza de que Él realmente está en el trono y tiene el control de todas las cosas.

Y sin embargo, ¿qué sentimos cuando a quienes aman y sirven a Dios les pasan cosas malas? *Eso* es duro. A veces, inconcebible. Y a veces sentimos como si nuestras buenas intenciones o el rumbo de nuestra vida y nuestro amor por Dios se nos volvieran en contra.

La prueba de carácter para Ana

Quizás pienses que cuando Ana, el personaje de la historia bíblica que estamos viendo, finalmente se recompuso, comió y se fue a orar, en ese momento sintió un gran alivio. Tal vez ese alivio y desahogo de su corazón se convirtieron en una paz que empezó a inundar su ser. Hubiera sido bueno de haber sido así. Sin embargo, las Escrituras dicen que inmediatamente después de derramar su alma delante de Dios, ¡el sacerdote Elí la malinterpretó y la acusó erróneamente! No puedo dejar de pensar que esa fue una prueba de carácter para Ana. ¿Acaso esta mujer, que acababa de hacer un voto a Dios, fue irrespetuosa cuando este hombre que representaba a Dios la acusó erróneamente?

Aunque la falsa acusación que recibió Ana no se compara en absoluto con lo que experimentó Amanda al perder a su esposo, es lo que sucedió posteriormente lo que nos ayuda a darnos cuenta de que Dios tiene el control de nuestra vida, aunque parezca que estamos a merced de nuestras circunstancias. Nos muestra que, cuando estamos haciendo lo correcto y nos malinterpretan o sucede lo impensable, Dios es el que pelea con nuestros adversarios. Él espera que confiemos en Él, aunque parezca que hemos sido derrotadas.

Cuando Ana oraba a Dios, tenía tanta pasión que Elí, el sumo sacerdote, supuso que estaba ebria. La conclusión de Elí es inquietante ya que parece reflejar la corrupción que imperaba en la época de Ana. La suposición de Elí sobre la embriaguez de Ana sugiere que no estaba acostumbrado a ver a alguien orar fervientemente, ni siquiera allí en el templo.[2] Para darte un trasfondo sobre la condición del corazón de la gente durante esa época oscura de la historia bíblica, conocida como "la época de los jueces", las Escrituras se refieren a los hijos de Elí como "impíos", y dicen que "no tenían conocimiento de Jehová" (1 S. 2:12). También nos dicen que el pecado de esos dos hijos, que eran sacerdotes "era... muy grande delante de Jehová... porque los hombres menospreciaban las ofrendas de Jehová" (v. 17). Más adelante, leemos que esos dos hijos también participaban de la prostitución religiosa con las mujeres que servían en el templo (v. 22). No solo fue una época sombría y pésima para Israel, durante la cual la casa de Dios era un gran caos, sino que fue una gran contradicción —y una gran ironía— que el padre de dos hijos tan inmorales e inicuos pensara que Ana, una mujer de oración, estaba actuando inmoralmente. Para Ana, eso implicaba *ser* una mujer impía e indigna.

¿Puedes imaginar que estás orando con tanto fervor que no te importa quién está a tu alrededor y que, por eso, eres acusada de estar ebria por un hombre que debería tener discernimiento

2. *The Reformation Study Bible* (Orlando: Ligonier Ministries/P&R Publishing Company, 2005), p. 378.

espiritual y, sin embargo, no puede ni siquiera gobernar bien su propia casa? ¡Qué indignante, hipócrita y *ofensivo*!

Sin embargo, Ana respondió con mucha gracia:

> No, señor mío; yo soy una mujer atribulada de espíritu; no he bebido vino ni sidra, sino que he derramado mi alma delante de Jehová. No tengas a tu sierva por una mujer impía; porque por la magnitud de mis congojas y de mi aflicción he hablado hasta ahora (1 S. 1:15-16).

¿Cómo pudo Ana responder con tanta gracia después de una acusación tan infame? Te diré cómo: había pasado un buen tiempo de oración con Dios. Ana sabía que Dios veía su condición, así como la intensión y sinceridad de su corazón. Ella tenía la paz de Dios y sabía que podía confiar en Él.

Frente a la calamidad

¿Cómo pudo Amanda responder con gracia tras escuchar los detalles horrorosos del tiroteo y muerte de su esposo y saber que nadie pudo hacer nada para revivirlo o resucitarlo? Amanda se dio cuenta de que, aunque parecía que su vida se le iba de las manos, había un Dios que todavía tenía el control… hasta del último detalle de cómo, dónde y cuándo murió su esposo. Y pudo comprender que la noticia, que ese día recibió en el hospital, no había tomado por sorpresa a Dios.

Cuando enfrentamos una calamidad en la vida, nuestra reacción dice mucho acerca de dónde tenemos nuestra confianza.

¿Has tenido que enfrentar una calamidad repentina —o gradual— en tu vida? ¿Acaso te has casado con un hombre que afirmaba ser un creyente, pero poco después de la boda decidió que no quería saber nada de su fe? ¿Has dedicado tu vida a criar a tus hijos solo para que uno de ellos te dé la espalda y siga por el camino de la rebeldía? ¿Le has entregado tu nuevo negocio, proyecto o planes futuros al Señor solo para ver después cómo se derrumbaban y se frustraban?

Nuestra reacción frente a las circunstancias le muestra a Dios y a este mundo quién es nuestra esperanza y en quién está nuestra confianza. ¿Eres tú esa clase de mujer que se enoja con Dios por lo que Él permitió? ¿O confías en Él porque sabes que Él tiene el control de tu vida?

Cómo reaccionó Ana

Podemos obtener una valiosa revelación de la compostura que tuvo Ana frente a la malinterpretación y la falsa acusación de la cual fue víctima.

1. Ana estaba confiada porque sabía que Dios veía la situación. Me alienta saber que Ana no reaccionó negativamente a la acusación de Elí. Ten presente que Elí no *preguntó* si había estado bebiendo o incluso si estaba ebria. Se precipitó a llegar a la conclusión de que *estaba* ebria. Por lo tanto, podrías pensar que Ana tenía todo el derecho de corregirlo. Ella podría haber mirado a Elías con indignación y haber perdido la compostura. Pudo haber dicho: "¡Estoy harta! Cada año vengo aquí y enfrento una situación desalentadora y sumamente estresante con la otra esposa de mi marido. Y, cuando finalmente logro recomponerme y entregarle todo a Dios en oración, tú, un sacerdote que supuestamente representa a Dios, emites un juicio y me acusas cuando no tienes idea de lo que está pasando aquí. Esta ofensa es demasiado. Mejor me voy de aquí. Y *nunca* más volveré a pisar este lugar".

Ahora bien, admitamos que tendríamos ganas de decir "si hubiera estado en el lugar de Ana...". (Y podríamos sentirnos mejor al menos por uno o dos minutos). Pero cuando tenemos la certeza de que Dios conoce cada detalle de nuestra vida, podemos mantener la calma porque sabemos que Él resolverá todas las cosas conforme a su plan.

2. Ana confiaba que Dios limpiaría su buen nombre. Aunque Ana negó la acusación de Elí y le explicó qué estaba haciendo, también sabía que no le correspondía a ella convencerlo. De la misma manera, si sabemos que Dios ve nuestra situación y entiende nuestras motivaciones, esto nos permite confiar en nuestra integridad y en el hecho de que Él cuidará de nosotras y de nuestra reputación.

3. *Ana no se quedó pensando en la ofensa.* Es evidente que Ana era la parte ofendida aquí. Elí debería haberse disculpado por suponer lo peor de ella. Desde luego que Ana podría haber salido furiosa y enojada del templo. Pero dejó el asunto en las manos de Dios, se retiró sosegadamente y, *a pesar de eso*, puso a su hijo en las manos de Elí algunos años después, cuando llegó el momento de cumplir el voto de entregar su hijo al Señor.

Está en nuestra naturaleza humana querer una retribución, una disculpa o querer poner las cosas en su lugar. Sin embargo, se requiere de confianza y fe para dejar la retribución en manos de Dios. Efectivamente, Dios trató con Elí y sus hijos despreciables de una manera muy severa. (Puedes leer detalladamente cómo Dios ejecutó juicio en la casa de Elí en 1 Samuel 2:22-36; 3:11-14; 4:10-22).

Cuando Ana sufrió esa grave malinterpretación, confió en que Dios conocía su corazón, que limpiaría su buen nombre y protegería su futuro. Y Dios lo hizo. Además, cuando ejecutó juicio en la casa de Elí, también ungió a Samuel, el hijo de Ana que ya era adulto, como el sacerdote y profeta principal de Israel.

Cuando Amanda recibió la noticia impensable de lo que le había sucedido a su esposo, confió en Dios, que sabía lo que estaba haciendo, que iría delante de ella y de Belén, y que se ocuparía de todo. Y ya ha visto la fidelidad de Dios. (Leerás más acerca de Amanda y Belén en el capítulo 10).

¿Cómo reaccionarás *tú*?

En mi entrevista telefónica con Amanda, que ahora es una madre viuda de 31 años, ella pudo haberse desahogado y haber hablado de una hermosa vida truncada, un matrimonio interrumpido y una hija que ahora tiene que crecer sin su papito amado. Pudo haber expresado una gran amargura hacia la mujer que disparó y mató a su esposo, justo cuando empezaban a cumplir juntos sus sueños. Pudo haber renunciado a servir a Dios o ser parte de cualquier iglesia. Incluso pudo haber abandonado su fe, porque finalmente le había costado la vida de su esposo y su familia.

Sin embargo, en nuestra conversación, sus palabras se parecían más a una suave sinfonía de confianza, fe inquebrantable y *esperanza*.

"Dios dispuso todos los detalles de la partida de Jaime de esta tierra —dijo ella mientras me contaba los preciosos detalles de los últimos momentos de su esposo antes de pasar a la eternidad—. Creo definitivamente que Dios había estado preparando nuestro corazón para esto", agregó mientras recordaba las conversaciones que había tenido con Jaime semanas previas a su muerte.

Cuando terminamos de hablar y colgué el teléfono, no pude dejar de pensar si yo hubiera estado así de preparada, con esa misma paz y confianza, si esa horrible tragedia hubiera golpeado de repente a mi propia familia.

Al momento de hablar con Amanda, mi única hija, Dana, que ahora tiene 21 años, estaba cumpliendo un proyecto de servicio en Kosovo con compañeros de clases de la universidad cristiana. Hacía dos semanas que se había ido y no sabría nada de ella hasta dentro de una semana, cuando regresara a los Estados Unidos. *¿Qué pasaría si hoy me dieran la trágica noticia de que mi preciosa hija ahora está en las manos de Dios… y que nunca volveré a verla en esta tierra?* No podía ni imaginármelo.

La tragedia podría golpearnos en cualquier momento. Escuchamos lo que les sucede a otros, y a veces nos preguntamos cuándo nos tocará a nosotras. El dolor forma parte de la vida, ya que vivimos en un mundo caído. Pero nuestra reacción a lo que nos sucede en esta vida determina nuestro legado. ¿Tenemos la confianza, al igual que Amanda, de que, cualquiera sea la experiencia que atravesemos, Dios va delante y nos seguirá guiando hasta que nuestro camino en esta tierra llegue a su fin?

Quiero ser como Amanda, que manifestó la misma actitud de

Job, un siervo de Dios y hombre recto, que dijo: "Aunque el Señor me mate, yo en él confío" (Job 13:15, RVC).

Por lo tanto, hoy me pregunto: ¿Confía mi corazón en el Señor en *todas* las cosas, tanto en lo esperado como en lo inesperado?

¿Y *tu* corazón?

Confía en Dios en lo impensable

1. ¿Qué nos dicen los siguientes versículos que debemos hacer cuando empezamos a preocuparnos, dudar o temer? (Puedes escribir tu respuesta abajo a manera de recordatorio):

   2 Corintios 10:5

   Filipenses 4:6

   Filipenses 4:8

   Santiago 1:2-3

2. ¿Cuál será el resultado de entregarle nuestras preocupaciones a Dios o de recurrir a su fortaleza, según los siguientes versículos?

   Filipenses 4:7

   Filipenses 4:13

Santiago 1:4

3. Si bien Dios no contestó la pregunta de Amanda sobre *por qué* habían asesinado a su esposo, ella respondió lo siguiente: "Su respuesta no es esencial para mi confianza en Él". ¿Podrías decir que has llegado al punto en el que Dios puede privarte de sus bendiciones sin que eso afecte tu confianza en Él? Habla de esto con Dios y después de orar escribe cuál sería tu respuesta en el espacio siguiente.

Una oración de entrega

Señor,

Tú conoces cada detalle de mi vida: todo lo que ha pasado y lo que va a pasar. Afirma mi confianza en ti *en este momento*, para que cuando suceda lo impensable, *nada* se interponga entre los dos. Ayúdame a ser como tu sierva Ana, que mantuvo la calma y tuvo la certeza de que tú cuidarías de su situación, protegerías su reputación y limpiarías su buen nombre, aun cuando fue falsamente acusada. Ayúdame a ser como tu siervo Job, que confió en ti aun cuando no entendía lo que estaba sucediendo en su vida. Ayúdame a ser como tu sierva Amanda, que sigue confiando que tú tienes un plan "precioso" para ella y su hija, aun cuando permitiste que sucediera lo impensable en su vida. Te doy las gracias porque muy próximo a lo impensable está el Dios de lo imposible, cuyo amor por mí es insondable.

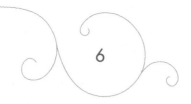

La confirmación

Cuando estás aferrada a la esperanza

Elí respondió y dijo: Ve en paz, *y el Dios de Israel te otorgue la petición que le has hecho.*

1 SAMUEL 1:17

Es natural que ya no queramos tener esperanza cuando hemos sido heridas. Es un mecanismo de defensa: una manera de guardar y proteger nuestro corazón de más dolor.

Decimos: "Es mejor no esperar nada que volverme a desilusionar".

Katia también empezó a caer en ese tipo de pensamiento. Pero, si hubiera insistido en eso, se hubiera perdido una dádiva inmensa que ahora tiene porque decidió tener esperanza.

Cuando Katia era niña, su padre era adicto a la pornografía; de modo que ella vio sus efectos devastadores en la vida de su madre y en lo difícil que le resultaba confiar en su esposo.

"A menudo me preguntaba por qué mi padre haría eso, y el solo pensamiento me daba asco. Además, antes de conocer a mi esposo, acababa de cortar una relación de dos años con el hombre con quien pensaba casarme, porque descubrí que él también era adicto a la pornografía. Su adicción destruyó nuestra relación y mi sentido de la autoestima".

¿Puedes imaginar la desolación de Katia cuando descubrió —a los dos años de casada— que su esposo también tenía problemas con la pornografía?

"Él nunca habló de ese problema conmigo y lo ocultó muy bien —dijo Katia—. Yo sabía que había estado expuesto a la pornografía antes de casarnos, pero lo atribuí a que 'eso es lo que hacen los muchachos solteros' y esperaba que se terminara una vez que nos casáramos. No tenía idea de que él seguía teniendo problemas con la pornografía hasta que una mañana temprano, me desperté y vi que él no estaba en la cama. Me levanté para ver dónde estaba, y lo encontré frente al televisor mirando un programa bastante inapropiado. Me mintió y dijo que acababa de cambiar de canal, pero yo sabía que no era así. Hablamos, y me dijo que dejaría la pornografía. ¡Ingenua de mí! Pero solo quería creer lo mejor de él. Básicamente, barrí todo debajo de la alfombra y pensé: *Ya lo logrará*. Pero cada vez que sorprendía a mi esposo en este problema, me destrozaba el corazón. Finalmente, vino una mañana —después de casi ocho años de casados— y me dijo que estaba cansado de vivir una mentira y que quería cambiar".

Ese fue el día que Katia tuvo que decidir si creería que Dios era más grande que el problema que amenazaba con destruir su matrimonio.

"Unos días antes de Navidad, mi esposo me despertó a las 5:30 a.m. Generalmente se iba a trabajar alrededor de esa hora y siempre venía a darme un beso antes de irse. Al principio, no le di importancia cuando me dijo que necesitaba hablar conmigo. Pensé que me estaba despertando para avisarme que se estaba yendo y que necesitaba que me encargara de algo mientras él estaba en el trabajo. Fue entonces cuando se arrodilló al lado de nuestra cama y empezó a llorar. Me senté en la cama tratando de despabilarme. Era obvio que algo lo estaba mortificando. Yo no estaba preparada para escuchar las palabras que salieron de su boca".

Katia continuó diciendo: "En medio de lágrimas, confesó que había estado mirando pornografía secretamente en la Internet. Me dejó anonadada. No podía comprender qué estaba sucediendo. Todo lo que pude pensar fue: *No, otra vez no. No podemos repetir lo mismo otra vez*. Me quedé allí y escuché mientras me decía que hacía varios meses que estaba luchando nuevamente con eso. No sabía qué decir. Una avalancha de emociones llenó mi mente, tan rápido que ni siquiera podía procesarla. No me pude volver a dormir después que se fue a trabajar. Me quedé sentada y consternada. Traté de pensar qué debía hacer. Pero no sabía qué hacer. Ya habíamos tratado de resolver su adicción varias veces en nuestros ocho años de matrimonio. La última vez que hablamos, le dije que si volvía a caer lo abandonaría. No pasó mucho tiempo hasta que mi consternación se convirtió en enojo. *¿Cómo se atrevía a dejarme esa carga y después irse a trabajar! ¿Cómo pudo hacerme eso otra vez?* Había llegado a tener una total confianza en él. Sentía que estábamos bien. No tenía ninguna sospecha de que hubiera vuelto a caer. Me sentí una tonta por no darme cuenta. Sentía que debía haberme dado cuenta".

"También me sentí traicionada. Una de las cualidades que me gustó de mi esposo cuando lo conocí fue su extrema sinceridad. ¿Qué había sucedido con esa sinceridad? ¿No me seguía mereciendo su sinceridad? Ya me habían pasado muchas cosas ese año con mi salud y un segundo aborto natural que me había dejado muy deprimida. ¿No tenía ya suficiente con ese dolor? Justo cuando acababa de reponerme y seguía adelante, ¿ahora pasa esto?".

"Justo cuando había podido reponerme y seguir adelante, ¿ahora pasa esto?".

"Una gran parte de mí quería empacar sus cosas y echarlo de la casa. Después de todo, ¿por qué tendría que ser yo la que se fuera? Yo no fui la que rompió nuestro compromiso matrimonial… otra vez. En ese momento, el enojo se convirtió en vergüenza. No podía echarlo o abandonarlo, porque la gente sabría que algo estaba mal. No quería que *nadie* se enterara. ¿Qué pensarían los demás de él? ¿Qué pensarían los demás de mí? ¿Pensarían que yo era la culpable? ¿Pensarían que no me estaba brindando lo suficiente a él? Pensé en nuestros hijos. ¿Cómo les explicaría por qué mamá y papá no estaban viviendo en la misma casa? No podía hacerles eso.

Entonces, decidí que simplemente dormiría en el piso al lado de nuestra cama. No quería que mi esposo me tocara accidentalmente durante la noche. El pensamiento de que me tocara me daba asco".

Mientras Katia se seguía haciendo preguntas, el dolor que había superado tras haber enfrentado las previas recaídas de su esposo volvió a aflorar. Se seguía preguntando: *¿Qué hice yo para merecer esto?*

Un cambio de corazón

"Durante esa fiesta de autocompasión en la que estaba inmersa, me di cuenta de algo importante. Ese era un problema de él, y no de mí. No tenía nada que ver conmigo. No era porque yo no me brindara a él. No era porque él ya no me encontraba atractiva. No era porque nos estábamos distanciando. No era porque él no me amaba. De repente, mi corazón se llenó de una irresistible compasión por él. Pensé en la culpa que había estado cargando él al saber que me había estado engañando todo ese tiempo. Pensé en el temor que debía haber estado sintiendo por volverme a destrozar el corazón. Me preguntaba si estaba preocupado por cómo reaccionaría yo cuando él llegara a la casa aquella noche. Yo sabía cuánto me amaba a mí y a nuestros hijos. Sabía que nunca había querido herirme. Quería estar enojada, pero no podía. En realidad, sentí *paz*".

"Aquella noche cuando él volvió a casa, se sentó a mi lado en el sofá. No dije mucho. Todavía estaba tratando de procesar cómo me sentía y estaba luchando con el hecho de que no estaba tan enojada como sentía que debía estar. Cuando empezamos a hablar, él me dijo que realmente quería ser libre de la esclavitud de esa adicción en su vida. Prometió hacer cualquier cosa para que yo volviera a confiar en él. Se disculpó por haber permitido que eso volviera a invadir su vida y nuestro matrimonio. Una parte de mi quería recordarle que ya había escuchado todo esto antes y que ahí estábamos otra vez, pero no dije nada. Simplemente, me quedé allí sentada mientras lo escuchaba, lo cual fue un importante logro para mí, porque cuando estaba disgustada tenía la tendencia a decir abruptamente lo que pensaba".

"Me dijo que ese día, cuando llegó al trabajo, había llamado a uno de nuestros pastores, que previamente lo había aconsejado sobre ese asunto. Y nuestro pastor le dio el número de teléfono de un consejero cristiano. Después, mi esposo llamó también a nuestro médico familiar y le pidió que le recomendara un consejero cristiano. Luego habló con el coordinador de beneficios laborales sobre la cobertura de seguro para un terapeuta. Finalmente, hizo varias llamadas y encontró un terapeuta cristiano con quien hizo una cita. Estaba impresionada de que hubiera hecho todo eso en un día, y todo por su cuenta. Estaba orgullosa de él".

"A medida que transcurría la noche, estábamos sentados en silencio, juntos, en el sofá, mientras mirábamos televisión. No podía recordar cuándo había sido la última vez que habíamos estado sentados uno junto al otro en el sofá o incluso la última vez que habíamos pasado tiempo tan solo hablando. El ajetreo de nuestra vida nos había afectado negativamente en los últimos años. Ambos teníamos un trabajo de tiempo completo, y él había retomado sus estudios universitarios. Había tareas escolares que hacer, obligaciones ministeriales que cumplir, prácticas de danza, y niños que alimentar y bañar. De alguna manera, en ese silencio junto a él en el sofá, me volví a sentir unida a él. Sentí un fuerte impulso de besarlo. Cuando me acerqué a él y lo besé, se le llenaron los ojos de lágrimas. Empecé a llorar mientras le decía que lo seguía amando y que quería que fuera libre de eso, porque no quería vivir el resto de nuestra existencia en el mismo círculo vicioso de esos sentimientos. Al final de aquella velada, nos habíamos entregado cada uno en los brazos del otro en un momento de intimidad matrimonial. No entendí cómo había podido pasar rápidamente de estar tan herida y enojada con él a tener intimidad con él. Simplemente sentí que estaba bien".

"Después de esa noche, seguí estando desconsolada. Había días durante los cuales podía aceptar su problema de adicción y el hecho de que estaba tratando de ser libre. Otros días, me sentía amargada y furiosa. Sencillamente, no podía dejarlo pasar y, a veces, sacaba el tema, innecesariamente, solo para lastimarlo. Desearía que su problema con la pornografía realmente hubiera terminado, pero la verdad es que sigue luchando con ese problema y me di cuenta de que siempre lo estará. Pero el hecho de que siga luchando y que se lo haya entregado a Dios significa que lo podremos superar. Ambos tuvimos que reconocer que no podemos pelear solos esta batalla".

"Antes de entregarle esta batalla a Dios, a menudo clamaba a Él con enojo. Estaba enojada y sentía que era un castigo. Preguntaba qué había hecho yo para merecer esto. Con amargura, le pedí a Dios que, literalmente, hiciera que le diera asco tan solo pensar en pornografía o buscar sitios pornográficos. Sin embargo, después del enojo y la amargura, me quebranté. Parecía que escuchar canciones cristianas me llevaba a clamar más a Dios. Escuchaba canciones que hablaban de la presencia de Dios en medio de la tormenta y de seguirlo en medio de las pruebas. Bajé estas canciones a mi iPod y las escuchaba constantemente. Mientras las escuchaba, lloraba y clamaba a Dios con toda mi voz. Cuando sentía que ya no tenía nada más que dar, sentía su paz y su consuelo. No me sentía sola. Solo sentía que todo estaba bajo control. Bajo *su* control, no el mío".

"De modo que llenaba mi mente con pasajes de las Escrituras por medio de estas canciones que escuchaba mientras conducía hacia el trabajo, mientras estaba en el trabajo, mientras conducía de regreso a casa y por la noche antes de acostarme para poder descansar con la seguridad de que Dios tenía todo bajo control. Él estaba trabajando en mí a través de todo eso. ¡Cómo desearía haberlo hecho antes!".

Aferrada a la esperanza

Katia pudo reemplazar su resentimiento y temor por esperanza cuando se dio cuenta de que su esperanza no está en su esposo.

Su esperanza no está en un plan de 3 pasos o en un programa de 12 pasos. Su esperanza no está en nada de lo que este mundo tiene para ofrecer. Antes bien, su esperanza está en Dios, quien, en cualquier momento, puede eliminar este obstáculo por completo de sus vidas... o enseñarles a caminar junto a Él y a depender de su fortaleza diaria.

Katia encuentra aliento y esperanza para su matrimonio en un pasaje de las Escrituras que le asegura que Dios no solo está obrando en esta situación para bien de ellos y para que ambos aprendan a depender más de Él, sino que está transformando a ambos a su imagen:

> Y sabemos que a los que aman a Dios, todas las cosas les ayudan a bien, esto es, a los que conforme a su propósito son llamados. Porque a los que antes conoció, también los predestinó para que fuesen hechos conformes a la imagen de su Hijo (Ro. 8:28-29).

¿Puede Dios obrar en una tentación, una lucha, un problema que ha destrozado tantos matrimonios? Sí. Y tan solo con el quebrantamiento de Katia y su dependencia de Dios —así como su reconocimiento de que Él, y no ella, tiene el control de todo— ella se está conformando más a Cristo.

"Podría parecer extraño, pero la bendición más grande que ha surgido de esta situación es darme cuenta de que soy una pecadora. He ido a la iglesia desde niña. He escuchado historias de personas que se descarriaron y participaron de 'las cosas de este mundo'. Yo nunca fui así. Esa no es mi historia. Fui un miembro fiel de la iglesia, trabajé en la guardería infantil, serví en el equipo de adoración, etc. *Yo no me descarrié. Yo no soy como mi esposo, que está viviendo en pecado*", pensaba ella.

"Guardé rencor por mucho tiempo pero, un día, durante un servicio de adoración en la iglesia, al empezar a cantar sobre la sangre de Cristo, entendí que era una pecadora y que la misma sangre que había lavado mis pecados estaba disponible para mi esposo también. ¡Qué humillación! Lloré como un bebé. Si Dios podía perdonarme por defraudarlo una y otra vez, yo también podía perdonar a mi esposo. Allí fue cuando las cosas realmente empezaron a cambiar. Yo estaba esperando que mi esposo cambiara de comportamiento o se fuera, pero yo también debía cambiar. Después que mi corazón se ablandó, pude cambiar los años de dolor, sufrimiento, desdicha y enojo en perdón. Cuando puse en práctica el perdón, mi esposo y yo nos acercamos más que nunca".

¿Cómo puede Katia mantener la esperanza a pesar del temor y las dudas que podrían invadir su mente en cualquier momento? Ella ha tomado el consejo que da el salmista en el Salmo 42:11; él también batallaba contra sentimientos de desesperación:

> ¿Por qué te abates, oh alma mía, y por qué te turbas dentro de mí? *Espera en Dios*; porque aún he de alabarle, salvación mía y Dios mío.

Aunque Katia estaba frustrada por las luchas repetidas de su esposo con la pornografía y aunque sabía que esa adicción parecía tener mucho poder sobre los hombres, se dio cuenta de que Dios es más grande que todo eso y es un Dios en quien puede poner *su* confianza y esperanza. Aunque otros puedan fallarle, ella sabe que Dios es incapaz de decepcionarla.

La esperanza de Ana

Ana también llegó a un punto en el cual tenía que decidir si miraba atrás a sus años de dolor y albergaba resentimiento, seguía dudando y seguía siendo desdichada todos los días de su vida, o si abandonaba el escepticismo y empezaba a esperar en el Dios que tenía el control. Estoy muy contenta porque ella abandonó el temor de volverse a decepcionar y decidió confiar en el Dios que todo lo conoce, todo lo escucha y todo lo ve.

De acuerdo al relato bíblico de la historia de Ana, cuando Elí supo que Ana no había estado bebiendo, sino que había estado orando fervientemente, no le preguntó qué había pedido en oración. Simplemente le dijo: "Ve en paz, y el Dios de Israel te otorgue la petición que le has hecho" (1 S. 1:17). Elí no dijo: "Que Dios te dé un hijo". De hecho, Elí ni siquiera sabía qué había estado pidiendo Ana. Tal vez estaba siendo cortés —o comprensivo— al decir: "Espero que Dios te dé lo que le estuviste pidiendo". Pero Ana sabía que Dios ya la había escuchado, y tal vez consideraba que el comentario de Elí era una confirmación de que Dios ya había empezado a obrar a favor de ella.

En 1 Samuel 1:18-20, leemos la respuesta de Ana… y la de Dios:

> Y ella dijo: Halle tu sierva gracia delante de tus ojos. Y se fue la mujer por su camino, y comió, y no estuvo más triste.
>
> Y levantándose de mañana, adoraron delante de Jehová, y volvieron y fueron a su casa en Ramá. Y Elcana se llegó a Ana su mujer, *y Jehová se acordó de ella*. Aconteció que al cumplirse el tiempo, después de haber concebido Ana, dio a luz un hijo, y le puso por nombre Samuel, diciendo: Por cuanto lo pedí a Jehová.

Ana se fue de ese lugar como una mujer diferente, una mujer nueva, una mujer optimista que esperaría en Dios, hasta que le concediera su petición.

Es importante notar que Ana mantuvo la esperanza en Dios aunque no vislumbrara el cumplimiento inmediato de su petición. Creo que Ana mantuvo la esperanza porque:

- sabía que Dios había escuchado su oración.
- no había escatimado nada y confiaba que Dios honraría eso.
- había hecho un voto que sabía que Dios tomaría en serio.

Me resulta interesante ver que después que Elí le dijo a Ana: "Dios… te otorgue la petición que le has hecho", ella no lo tomó tan solo como un buen deseo. Ella no tuvo la necesidad de darle más información de tal modo que Elí pudiera sugerir tal cosa. Ella no le respondió como tú o yo hubiéramos querido responderle después de todo lo que había pasado ese día: "Gracias, Sr. Elí. Sería bueno si Dios me concediera mi petición. Pero usted verá, hace varios años que le estoy pidiendo a Dios lo mismo: un bebé. Y ahora que soy estéril, no me quiero seguir ilusionando. Así que sería mejor que *usted* no me ilusione. De hecho, ¿puede usted orar simplemente para que de ahora en adelante yo pueda tener paz?".

Una respuesta como esta hubiera implicado que Ana no esperaba que Dios le concediera su petición. En vez de querer tener la última palabra en esa situación, Ana respondió amablemente y dijo: "¡Oh, muchas gracias!" (NTV).

Ana debe haberse dado cuenta de que había hecho su parte —al orar— y que no podía hacer otra cosa. Ella oró con fe, y esperaba que Dios se manifestara. Y, al parecer, sabía que el resto le correspondía a Dios.

Allí es donde, a veces, tú y yo nos equivocamos. Creemos que lo que estamos pidiendo en oración depende por completo de nosotras o nos damos por vencidas justo antes que Dios esté a punto de conceder nuestra petición.

Nuestras dudas al esperar

Recuerdo que durante mis años de estudiante universitaria, sentía que era mejor no esperar nada en absoluto antes que volverme a desilusionar. Había pasado un par de meses durante los cuales sentía que cada una de mis relaciones me había decepcionado, cada proyecto que intentaba fracasaba, cada esperanza que albergaba se truncaba. (Ahora, al mirar atrás, estoy segura de que no *siempre* era así, pero seguramente yo sentía que lo era). No me daba cuenta de cuán escéptica me había vuelto hasta que una amiga finalmente me preguntó por qué siempre esperaba lo peor. Le dije: "Es mejor no esperar nada que esperar y desilusionarme". ¡Vaya! ¿Realmente me había vuelto tan pesimista?

A medida que fui madurando en la vida cristiana, empecé a darme cuenta de cuán ofensivo es para Dios ser una persona que espera lo peor. Aunque no era intencional, pensaba —y les decía a los demás— "No creo que Dios tenga poder sobre esto, y no espero que Él me sorprenda con lo que puede hacer". Insisto, no era que necesariamente lo estuviera *verbalizando* o que lo pensara conscientemente, sino que debe haber sido la impresión que estaba transmitiendo a otros.

Hebreos 11:1 dice: "Es, pues, la fe la certeza de lo que se espera, la convicción de lo que no se ve". Y el versículo 6 agrega: "sin fe es imposible agradar a Dios". ¿Estaba agradando a Dios con mi escepticismo? ¡Desde luego que no! Hasta las personas que no conocen a Dios pueden ser optimistas al esperar en el destino, la suerte o su propia capacidad. ¡Qué triste saber que era una hija de Dios y que no le estaba dando el reconocimiento que se merece como Padre que sabe dar buenas dádivas a sus hijos (Mt. 7:11).

Al principio no veía mi escepticismo como una falta de fe y un insulto al poder y la capacidad de Dios. Antes bien, pensaba que estaba protegiendo mi corazón con un escudo para no sufrir más decepciones. Y, sin embargo, las Escrituras llaman a Dios el "Dios de esperanza", que nos llena de todo gozo y paz al creer en Él, "para que [abundemos] en esperanza por el poder del Espíritu Santo" (Ro. 15:13). La esperanza es una característica que define a los hijos de Dios. Piensa en eso. Tener esperanza —y poder aferrarnos a sus promesas— no es solo una característica de los que son de Él. Es una *evidencia* de que somos de Él.

No pierdas la esperanza

Veamos ahora cómo puedes ser *tú* una mujer que no pierda la esperanza aunque no puedas vislumbrar nada esperanzador en tu situación.

Espera en la Palabra de Dios

¿Sabías que Dios no puede contradecir su Palabra? Aunque hay preceptos de la Palabra de Dios que no son necesariamente promesas, hay pasajes que contienen promesas que se cumplen cuando obedecemos a Dios. Por ejemplo, 2 Corintios 1:20 dice: "todas las promesas de Dios son en él Sí, y en él Amén, por medio de nosotros, para la gloria de Dios".

Cuanto más confíes en Dios, menos probable será que dudes, te preocupes, tengas temor o te des por vencida.

Espera en el carácter de Dios

Dios tampoco puede contradecirse. Por lo tanto, cuando en su Palabra dice que a los que aman a Dios, todas las cosas les ayudan a bien, esto es, a los que conforme a su propósito son llamados,[1] Él hará justamente eso. Se ocupará de aquello que pongas en sus manos. Cuanto más lo conozcas, más confiarás en Él. Cuanto más confíes en Él, será menos probable que dudes, te preocupes, tengas temor y te des por vencida. Así como 1 Corintios 13:7 dice cómo amar a otros, también dice cómo amar a Dios. El amor (por Dios) "todo lo sufre, todo lo cree, todo lo espera, todo lo soporta. Puede que en este momento estés en la etapa de "todo lo sufre" o de "todo lo soporta". Pero asegúrate de creer y esperar también. ¿No se merece Dios escuchar tu cariñoso susurro que le diga: "Señor, creo en ti y en tu tiempo. Y sé que te manifestarás en mi vida de la manera que mejor te parezca"?

Espera en el tiempo de Dios

Esto es clave, como veremos en el capítulo siguiente. Dios sabe exactamente cuándo estás lista para recibir el deseo de tu corazón, y Él no obrará demasiado pronto ni demasiado tarde a la hora de hacer lo mejor para ti desde la perspectiva de la eternidad. Cuando

---

1. Romanos 8:28.

estás en la difícil y prolongada etapa de la espera y no recibes un *sí* por respuesta, ¿puedes confiar que lo que piensas que es un *no*, en realidad, podría ser *espera*? Él sabe qué es lo mejor. Por lo tanto, su tiempo siempre es perfecto.

Vive con expectativa

Por años, he encontrado esperanza en este pasaje de las Escrituras:

> Y esta es la confianza que tenemos en él, que si pedimos alguna cosa conforme a su voluntad, él nos oye.
> Y si sabemos que él nos oye *en* cualquiera cosa que pidamos, sabemos que tenemos las peticiones que le hayamos hecho (1 Jn. 5:14-15).

Este versículo dice que (1) puedo tener confianza cuando oro de esta manera; (2) cuando pido conforme a la voluntad de Dios, Él escuchará mi petición y (3) si sé que Él me escucha en cualquier cosa que le pida, sé que recibiré lo que le he pedido.

Cuando tú y yo pasamos tiempo con Dios en oración y en su Palabra, podemos conocer su corazón y, finalmente, pedir lo que Él pediría, lo cual es pedir "conforme a su voluntad".

De esta manera, podemos empezar a vivir en lo que Oswald Chambers llama un *estado latente de expectativa*: "Mantén tu vida en contacto constante con Dios, a fin de que su poder sorpresivo pueda irrumpir en cualquier momento. Vive en un estado latente de expectativa, y deja sitio para que Dios venga como Él decida".[2]

¿Cómo podemos tú y yo pasar de temer lo peor a esperar lo mejor cada día? Al reconocer que las circunstancias de nuestra vida no han sucedido por casualidad. Al reconocer que hay Uno que supervisa todo lo que pasa en nuestra vida y que nos ama más de lo que nos podamos imaginar. Al confiar que si Él está esperando

---

2. Oswald Chambers, *En pos de lo supremo* (Barcelona: Editorial Clie, 1993), 25 de enero.

para responder o permitiendo las dificultades, o simplemente no nos responde ahora, tiene una razón. Es muy probable que nos esté preparando para el día que recibamos lo que tiene para nosotras.

Él se acordará

Después que Ana le abrió su corazón a Dios en oración, le confesó lo que estaba pidiendo y creyó que Dios la había escuchado, decidió esperar lo mejor. Y leemos que después "no estuvo más triste".

> Y levantándose de mañana, adoraron delante de Jehová, y volvieron y fueron a su casa en Ramá. Y Elcana se llegó a Ana su mujer, y *Jehová se acordó de ella* (v. 19).

Ahora bien, he estado esperando hasta este momento para hablar de estas cinco palabras: "Jehová se acordó de ella". Quédate conmigo. Hacia allí vamos.

Mientras tanto, sigue esperando en Él, amiga mía. Y Él *se acordará* de *ti*.

Mantén la esperanza en medio de la angustia

1. ¿Cómo puedes poner en práctica 1 Corintios 13:7 y sufrir todo, creer todo, esperar todo, soportar todo en tu situación presente?

2. ¿Cómo sería para ti vivir en un *estado latente de expectativa*, esperando que Dios intervenga y se manifieste en cualquier momento?

3. ¿A qué promesas de las Escrituras te estás aferrando en este momento? (Si no tienes o no conoces ninguna, fíjate en el Apéndice B en las páginas 193-204 para que confieses y te aferres a algunas de ellas).

Una oración de esperanza

Señor,

Quiero destacarme como tu hija al esperar en ti y creer que harás lo imposible, lo improbable y lo increíble. Sé que tú también quieres eso de mí. Por eso, te ruego que me llenes de todo gozo y paz al creer en ti, para que abunde en esperanza por el poder del Espíritu Santo (Ro. 15:13). Ayúdame a vivir en un estado latente de expectativa, siempre dispuesta a permitir que obres en mi vida de la manera que quieras. Finalmente, ayúdame a esperar en *ti*, y no solo en lo que yo quiero que *hagas*.

La llegada

Cuando finalmente recibes la
respuesta a tu oración

El Señor se acordó de la súplica de ella,
y *a su debido tiempo* dio a luz un hijo.

1 Samuel 1:19-20 (ntv)

ristina sabe qué es esperar en el Señor para recibir el deseo de su
corazón… y seguir esperando a pesar de la decepción.

Ella y su esposo, Benjamín, esperaron más de una década para
que Dios "se [acordara] de [ellos]" y les concediera el deseo de
tener un hijo. La espera no fue fácil y, a veces, incluso dolorosa.
Pero ambos te dirán que valió la pena. Dios quería hacer la obra "a
su debido tiempo". Y estaba preparando un regalo para ellos que
superaba sus expectativas.

"Muchas veces, me sentí como Ana —dijo Cristina—. Ana
recibió su bendición en medio del dolor. Yo también".

En vez de tener un embarazo de nueve meses, Cristina y su
esposo tuvieron una espera de quince años, que implicó mucho
tiempo de oración y confianza en el Dios que todo lo puede.

Durante todos esos años, no solo ellos oraron por un hijo, sino
que sus familiares, amigos y muchos de aquellos que de alguna u
otra manera pertenecían a su círculo de influencia oraron también
por ellos. Aunque la espera fue difícil, Cristina nunca perdió la
esperanza.

Cristina siempre confesaba versículos de las Escrituras como promesas de Dios de que un día tendría hijos. Uno de los versículos que le daba esperanza era el Salmo 127:3, que dice: "Los hijos son un regalo del Señor; son una recompensa de su parte" (NTV).

"Creo que en la Biblia hay muchas promesas para nosotros. Y creo que los hijos son una de esas promesas —dijo Cristina—. Pero después de muchos años de intentarlo sin ver resultados, empezamos a clamar al Señor".

Durante esos años, aunque parecía que Dios no estaba cumpliendo su promesa de darle un hijo, persistió en confirmarle a Cristina, una y otra vez, que no se había olvidado de ella.

"Dios siempre me daba un pasaje bíblico que hablaba de los hijos en el momento oportuno o bien me confirmaba su promesa a través de personas que oraban por mí y me hablaban de hijos. Había personas que oraban por mí, que ni siquiera sabían mi situación".

Cristina recuerda el día que una mujer oró por ella específicamente para que Dios le concediera su deseo de tener hijos. "En ese momento de mi vida, me sentía muy mal por no tener hijos. Antes que esta mujer orara por mí, le había pedido al Señor con la fe simple de un niño, que me diera la seguridad de que Él no se había olvidado de mí. Ya no quería desilusionarme mes tras mes, y necesitaba que Él me animara. Esta mujer no me conocía, ya que era la primera vez que la veía. Cuando ella impuso sus manos sobre mí, lo primero que dijo fue: 'Se levantan [tus] hijos y [te] llaman bienaventurada' de Proverbios 31:28. En respuesta, no pude contener las lágrimas delante del Señor. Cosas como esta me sucedían vez tras vez. Por eso, sabía que estaba destinada a tener hijos".

Y, como en el caso de Ana, llegó el día cuando Dios "se acordó" de Cristina y "a su debido tiempo" le concedió su petición de un hijo. Pero no fue de la manera que ella y su esposo habían esperado o incluso soñado; fue mucho mejor.

Confirmación gradual

Una familia de la iglesia de Benjamín y Cristina tenía una sobrina. Era una muchacha llamada "Jennifer", una adicta a las metanfetaminas, y su novio era un presunto traficante de drogas. Jennifer había tenido varios embarazos y abortos, y había dado a luz varios hijos a pesar de su adicción. Su tía "Juana" rescató a tres de esos niños y los adoptó. En ese momento, los niños tenían 3, 5 y 6 años. En enero de 2010, Jennifer quedó embarazada otra vez. Esta vez, ella le dijo a sus tíos que, o bien iba a la cárcel, o bien abortaba al bebé. Juana y su esposo, Claudio, son cristianos y no querían que Jennifer abortara al bebé. Así que se pusieron a orar para que Jennifer fuera a la cárcel como una manera de proteger al bebé. Cristina dijo que cuando Jennifer estuvo embarazada de sus otros tres hijos había seguido consumiendo drogas. Pero esta vez, debido a que terminó en la cárcel en la primera etapa de su embarazo, el bebé había podido desarrollarse libre de drogas.

"Alabado sea Dios. El Señor estaba cuidando de él incluso en el vientre", dijo Cristina.

Jennifer estuvo en la cárcel hasta los ocho meses y medio de embarazo. Después se mudó con su tía Juana y su tío Claudio hasta que tuvo al bebé. Durante todo el embarazo, Benjamín y Cristina no habían ni siquiera pensado en adoptar al bebé de Jennifer. En cambio, estaban tratando de ayudarla a encontrar un hogar cristiano para mujeres. Pero Jennifer no quería separarse de su novio, que seguía consumiendo drogas. Al poco tiempo, ella dio a luz a un varón perfectamente sano y lo llevó a la iglesia con sus tíos.

"Era hermoso y me permitió tenerlo en brazos —dijo Cristina—. Tan pronto como lo tuve en brazos, sentí que el Señor me decía: 'Este niño es tuyo'. Fue impresionante. Y le dije a la tía Juana, que si Jennifer volvía a las drogas, podía llamarnos y nos haríamos cargo del bebé".

"Lo que no sabía es que el tío de Jennifer, un viejo amigo de nosotros, supo desde un principio que el bebé sería para nosotros.

Creo que cuando Jennifer se enteró de que estaba embarazada, Claudio se puso a orar por todo este asunto. Durante todo ese tiempo, no nos comentó nada. La noche que Jennifer llevó al recién nacido a la iglesia, Juana me llamó y me dijo que Jennifer había vuelto a consumir drogas. Nos preguntó si nosotros aceptaríamos al bebé. Sin ni siquiera hacer una pausa para pensarlo, ambos dijimos '¡Sí!'. Ese fue el principio de nuestra experiencia".

"Desde luego que quería asegurarme de que eso fuera del Señor. (He escuchado historias terribles de personas que trataron de adoptar a un niño solo para que los padres biológicos se los quitara. Tenía miedo de que eso me sucediera a mí). Le comenté a mi madre sobre mi preocupación y ella dijo: 'Oremos y pidamos al Señor que nos muestre si este bebé es para nosotros'. Mientras orábamos, me vinieron a la mente las palabras *espíritu de adopción*. Y, al seguir orando, mis pensamientos se dirigieron a *Romanos 8*".

"En ese momento, la Palabra de Dios me dio paz...".

Cristina sabía que en las Escrituras, la frase "espíritu de adopción" se refiere a aquellos que son adoptados en la familia de Dios por medio de la fe en Cristo. Pero aplicó ese versículo a su situación personal y creyó que Dios le estaba hablando, personalmente, a través de su Palabra. "En ese momento, no estaba segura de que esa frase estuviera en Romanos 8. Le pregunté a mi mamá si 'espíritu de adopción' estaba en Romanos 8, pero ella tampoco estaba segura. Así que buscamos esas palabras, y así fue, estaban en Romanos 8:15. Entonces sentí que el Señor me estaba diciendo que el 'espíritu de adopción' estaba en Gabriel. En ese momento, la Palabra de Dios me dio paz, y supe que, pase lo que pase, Gabriel era para nosotros".

Cristina recibió otra confirmación aquella noche, cuando llegó a su casa y habló con su esposo.

"Cuando llegué a casa y le comenté a Benjamín lo que me había pasado con la frase 'espíritu de adopción' mientras estaba orando, él dijo: 'Qué curioso, porque ayer estaba orando por Gabriel y pensé en Romanos 8:15 y en lo que dice sobre el espíritu de adopción. Le pedí al Señor que me confirmara su Palabra al mostrártelo a ti'".

Cristina dijo que aunque ella y Benjamín sabían que Gabriel sería de ellos, hubo oposición, y en muchas ocasiones tuvieron que acudir nuevamente a Dios en oración y ruego.

"La semana que Juana nos contó que Jennifer había vuelto a consumir drogas, Jennifer huyó con Gabriel del Servicio de Protección del Niño —dijo Cristina—. El Servicio de Protección del Niño había llegado a su puerta y ella huyó en el auto con él. Cuando escuché esta noticia, me encerré en mi clóset de oración y oré para que pudieran encontrar a Jennifer. Oré con gran fervor. Al día siguiente, Jennifer le entregó Gabriel a su novio, que no quería saber nada del Servicio de Protección del Niño, de modo que dejó a Gabriel en la estación de policía. Esa noche recibimos un llamado de Juana para contarnos que Gabriel estaba con una madre sustituta de emergencia".

Inmediatamente, Benjamín y Cristina empezaron a asistir a clases para padres sustitutos a fin de recibir una certificación y estar en condiciones de hacerse cargo de la crianza de Gabriel. Muchas personas les advirtieron que obtener la custodia legal de Gabriel y luego poder adoptarlo sería un proceso largo y agotador.

La llegada de Gabriel

Poco después que Benjamín y Cristina empezaran a tomar clases para padres sustitutos, Jennifer aceptó que fueran los tutores legales de Gabriel. Solo siete semanas después que empezaran el proceso de obtener la custodia de Gabriel, a principios del mes de diciembre, Cristina recibió una visita inesperada en el preescolar donde trabajaba. Ella no esperaba tener novedades tan rápido, ya que el Servicio de Protección del Niño les había dicho que tendrían que atravesar un proceso largo y lento para que les otorgaran la custodia de Gabriel.

"Estaba cerrando mi escuela cuando de repente Benjamín entró sosteniendo a Gabriel, que estaba vestido con un pequeño traje de Papá Noel. ¡Finalmente nos otorgaron su custodia, alabado sea Dios! Yo sabía que, pase lo que pase, él sería de nosotros para siempre. Los padres biológicos vieron a Gabriel un par de veces a través del Servicio de Protección del Niño, pero en cada una de esas visitas yo sabía que él seguiría estando con nosotros. Hallamos favor con el asistente, que nos decía exactamente qué estaba pasando en cada etapa del proceso. El encargado de nuestro caso fue una bendición para nosotros".

"Dios también hizo que Benjamín hallara favor con el juzgado, y resultó ser que nos tocó ir a la sala del tribunal que está ubicada en el mismo lugar donde Benjamín trabaja. Todos los jueces conocían y apreciaban a Benjamín. En nuestras vacaciones de verano de 2012, recibimos una palabra que afirmaba la derogación del derecho de ambos padres biológicos y que podíamos pedir la adopción. Nos advirtieron que la aprobación tardaría mucho. Incluso nuestro abogado dijo que era imposible que pudiéramos solicitar la adopción antes de fin de año, pero no perdimos la esperanza. Benjamín fue a ver a una de las juezas que conocía y le preguntó si nos podía ayudar. Ella agilizó nuestro caso en el cronograma del juzgado y terminamos adoptando a Gabriel exactamente a un año del día que recibimos la custodia legal de él".

El tiempo de Dios es, a menudo, diferente al de nosotros. Sin embargo, siempre es perfecto.

"Todos estaban asombrados de que hubiera sido tan rápido. Le dimos la gloria al Señor y dijimos que todo había sido obra de Él. Esta es nuestra maravillosa historia con Dios. Es una historia llena de gracia, amor y esperanza en nuestro Señor Jesucristo y en lo que Él hace por sus hijos. Somos realmente bendecidos y le agradecemos al Señor todos los días por su bondad y misericordia hacia nosotros. Él realmente nos ha dado el deseo de nuestro corazón. Realmente creemos que Gabriel nació para nosotros".

Tuve el privilegio de conocer al pequeño Gabriel y de verlo en un par de ocasiones desde entonces. Y déjame decirte que es misterioso el parecido que este pequeño niño, ahora casi de cuatro años, tiene con sus padres adoptivos. "Hasta se parece en nuestra manera de actuar y siempre está alegre", dijo Cristina.

"Le doy toda la gloria a Dios por lo que ha hecho. Me encanta contar mi historia a otras personas para que puedan recibir aliento y saber que Dios es fiel con sus hijos".

El tiempo de Dios es perfecto

Ahora que la esperanza de Cristina se ha cristalizado por medio de su hijo Gabriel, ella puede ver claramente que Dios sabía exactamente qué estaba haciendo durante esos largos años de espera. Él fue controlando cada movimiento de ella y de Benjamín a fin de que estuvieran en el lugar preciso, en el momento preciso, para que pudieran llegar a ser los nuevos padres de Gabriel.

"A su debido tiempo"

En la historia de Ana, hay una frase que merece una atenta consideración a la hora de presentar nuestras peticiones delante de Dios. En 1 Samuel 1:19-20 leemos que Dios vio las lágrimas de Ana, "se acordó" de su súplica, "y *a su debido tiempo* dio a luz un hijo a quien le puso por nombre Samuel, porque dijo: 'Se lo pedí al Señor'" (NTV).

El tiempo de Dios a menudo es diferente al de nosotros. Sin embargo, siempre es perfecto. Ana había esperado mucho tiempo antes que Dios le concediera un hijo. Las Escrituras dicen que "a su debido tiempo" ella concibió. ¿Qué había estado haciendo Dios para que llegara el "debido tiempo"? Es muy probable que estuviera:

- desarrollando la capacidad de Ana de confiar en Él
- desarrollando en ella un deseo tan fuerte de tener un hijo, que se lo ofreciera nuevamente al Señor

- desarrollando su carácter para que llegara a ser la clase de madre que Él quería que fuera
- planificando el momento en la historia para que Samuel llegara a la casa de Elí y creciera hasta finalmente convertirse en el profeta y sacerdote de Israel

Dios quería llevar a cabo algunas cosas a su "debido tiempo" para Ana, para Samuel, su hijo esperado, y para la nación de Israel. Y Dios también quería hacer algunas cosas en la vida de Benjamín y Cristina "a su debido tiempo". Al parecer, quería:

- llevar a Benjamín y Cristina a una total dependencia de Él, de tal modo que consultaran con Él en todo
- preparar un bebé para ellos en el momento preciso
- prepararlos para la fe que necesitarían para atravesar el proceso de convertirse en padres sustitutos y adoptivos
- promover un acercamiento entre ellos a través de la certeza del plan de Dios para sus vidas
- fortalecer su fe de tal modo que nunca duden de su obra en la vida de aquellos que confían en Dios y su Palabra

¿Podría Dios estar esperando para concederte *tu* petición porque hay diferentes cosas que Él quiere llevar a cabo "a su debido tiempo"? Y ¿podrían esas cosas incluir lo que Él está haciendo en ti para fortalecer *tu* fe y forjar una mayor dependencia de Él?

Cuando Dios no responde

A estas alturas, podrías estar pensando: *Bien, qué bueno que Ana y Cristina finalmente recibieron la respuesta que esperaban a su oración. Pero ¿y yo? ¿Cuándo llegará mi momento? ¿Cuándo va a responder Dios mi petición?* Tal vez incluso te estés preguntando: *¿Qué pasa si nunca llega su debido tiempo?* En ese caso, tengo algunas palabras de aliento para ti: a veces, Dios no te responde, porque está esperando para darte lo que todavía no le has pedido.

Insisto en que, si Dios todavía no ha respondido tu oración, es porque Él sabe, en su infinita sabiduría, que no concederte tu petición ahora o de la manera que le has pedido es mucho mejor para ti. Puede que nunca comprendas esto de este lado del cielo. Pero si todavía Él no ha respondido tu oración, al menos desde tu perspectiva humana, es porque no es bueno para ti o bien no es el momento oportuno o porque Él tiene un *Sí* mucho mejor para ti. Es muy probable que esté esperando para darte lo que *Él* quiere que le pidas.

Como verás, originalmente Ana solo quería un hijo. Pero Dios no quería darle *solo un hijo*. Cuando Dios concedió la petición de Ana, no fue para que ella fuera un ama de casa feliz y sintiera que ya tenía todo lo que necesitaba. No fue para que se pusiera a la altura de Penina, que tenía muchos hijos. Dios tenía un plan —y un destino divino— para este niño que Ana tendría y que dedicaría para Él. Dios tenía que levantar a un profeta, ungir a un rey, restaurar a una nación, y Él haría esas cosas divinamente ordenadas por medio de Samuel, el hijo de Ana. Ella ni se imaginaba lo que Dios tenía preparado cuando ofreció dedicar el hijo tan esperado al servicio de Dios. Una vez más, ella solo quería tener un hijo. Pero Dios quería cambiar la historia. Ana solo quería ser mamá. Dios quería darle un legado. De modo que, lo que Ana originalmente percibió como un *No* de Dios, en realidad, era: "No todavía. Quiero darte algo mucho mejor de lo que has estado pidiendo".

Cuando Ana finalmente dijo: "si... me concedes un hijo varón, yo te lo entregaré para toda su vida" (1 S. 1:11, NVI), se estaba rindiendo a la voluntad de Dios. Estaba dispuesta a que Dios usara al niño de la manera que Él quisiera. Otra vez, si Samuel no se hubiera criado en la casa de Elí, es probable que no hubiera llegado a convertirse en un profeta poderoso. Dios tenía todo planeado, pero Ana tenía que ajustar su vida al plan de Dios, y rendirse a los propósitos y deseos de Dios en vez de buscar su propia voluntad.

Vamos a aplicar esto a tu situación. Si estás esperando algo con todas tus fuerzas, ¿consideras que lo que quieres es para que *Dios* sea glorificado, para que *Él* pueda cambiar la historia con eso, para que *Él* pueda forjar en ti un legado con eso... o sin eso? Cuando estés dispuesta a aceptar la respuesta de Dios, ya sea *sí*, *no* o *espera*, estarás en la condición indicada para que Dios pueda usarte, sea cual sea su respuesta.

¿Qué hay en el garaje?

Me encanta la historia que el Dr. Henry Blackaby cuenta en su libro *Mi experiencia con Dios*.

Él pensó que a los seis años, Richard, su hijo mayor, ya tenía edad suficiente para tener una bicicleta y decidió regalarle una para su cumpleaños. Así que recorrió varios lugares buscando una bicicleta hasta que encontró una Schwinn azul, que compró y escondió en el garaje. A partir de entonces, su tarea era convencer a Richard de que necesitaba una bicicleta Schwinn azul.

Blackaby dice: "Estuve trabajando con Richard durante un tiempo, hasta que decidió que lo que realmente quería para su cumpleaños era un bicicleta Schwinn azul. ¿Sabes qué recibió Richard? Bien, la bicicleta ya estaba en el garaje. Solo tuve que convencerlo de que la pidiera. ¡Y recibió lo que pidió!".

Blackaby dice que cuando oramos: "El Espíritu Santo sabe qué tiene Dios 'en el garaje'. Ya está allí. La tarea del Espíritu Santo es hacer que tú lo quieras y se lo pidas. ¿Qué sucede cuando pides cosas que Dios ya quiere darte o hacer? Siempre las recibes. ¿Por qué? Porque pides conforme a la voluntad de Dios. Cuando Dios responde nuestra oración, Él recibe la gloria, y nosotras crecemos en la fe".[1] Filipenses 2:13 nos dice: "porque Dios es el que en vosotros produce así el querer como el hacer, por su buena voluntad". La Nueva Traducción Viviente dice: "Pues Dios trabaja en ustedes y les da el deseo y el poder para que hagan lo que a él le agrada".

---

1. Henry T. Blackaby y Claude V. King, *Experiencing God: Knowing and Doing the Will of God* [*Mi experiencia con Dios: Cómo conocer y hacer la voluntad de Dios*], (Nashville, TN: Lifeway Press, 1990), p. 89. Publicado en español por B & H Español, 2009.

Benjamín y Cristina pudieron haber tenido tan solo el deseo natural de tener hijos, como muchas parejas casadas. Pero, en el tiempo indicado, Dios puso en ellos el deseo específico de adoptar al pequeño Gabriel. Dios sabía —antes que se casaran, incluso antes que se conocieran, antes del mismo principio de la creación— cuál era el niño escogido para ellos. Él sabía exactamente quiénes debían ser los padres del pequeño Gabriel y empezó a trabajar en la vida de Benjamín y Cristina, para que "a su debido tiempo" le pidieran específicamente al pequeño Gabriel.

¿Qué podría tener Dios "en el garaje" para ti? Puede que pienses que es algo tangible como un bebé, un esposo, una carrera más exitosa o un sueño cumplido. Pero Dios podría tener algo mucho más valioso para ti, algo que ni siquiera se te ocurrió pedir. Podría ser algo como, por ejemplo, un corazón más compasivo, un ministerio para mujeres con heridas similares o incluso una posición en la cual podrás influenciar a *cientos* de personas en vez de tan solo a un puñado, a miles de niños en vez de tan solo a uno o dos.

¿Quieres recibir lo que Dios tiene "en el garaje" para ti? Pídele que examine tu corazón, que ajuste tus deseos conforme a los suyos, que despierte en ti el anhelo de lo que Él quiere para ti. Como dice el Salmo 37:4: "Deléitate asimismo en Jehová, y él te concederá las peticiones de tu corazón". Otra manera de leer este versículo sería: "Deléitate asimismo en Jehová, y Él colocará en tu corazón *sus* deseos… y entonces Él se deleitará en concedértelos".

El designio de Dios para nuestra vida

Cuando Micaela (del capítulo 4) le pidió a Dios que restaurara su vida, pidió que Él recibiera toda la gloria. Y Dios recibe la gloria cada vez que Micaela abre su boca y les cuenta a los demás cómo Dios la sacó del pozo en el que se encontraba. Él no solo recibirá la gloria algún día cuando "su vida haya sido restaurada por completo", sino cada día que ella le rinde su vida a Dios y le dice tanto a Él como a otros: "Todavía me falta, pero Dios está haciendo la obra en mí".

Cuando Gabriela le pidió a Dios la sanidad divina de las tres mujeres que finalmente perdió, Dios sabía que podría hacer más en su vida y en la vida de las mujeres a quienes ella ministraba, si forjaba en ella una mayor dependencia de Él en medio de esas pérdidas y la ayudaba a atravesar ese quebrantamiento. Hoy día, Gabriela puede ministrar mucho mejor a otros, debido al valle de sombra y de muerte que ha atravesado. Puede consolar a otros con el consuelo que ha recibido de Dios.

¡Dios sí quiere bendecirnos! Si tan solo empezáramos a pedir lo que *Él* quiere darnos.

Escucha a Dios

Cuando descubrimos lo que Dios quiere para nuestra vida, puede que reconozcamos que Él nos *está* respondiendo —y nos está hablando— mucho más de lo que nos imaginamos.

Toda la certeza que Benjamín y Cristina tuvieron sobre el niño Gabriel, la confirmación que cada uno recibió, incluso en el mismo día por medio de diversas circunstancias, son un testimonio de los años que escucharon a Dios, escudriñaron su Palabra, estuvieron delante de su presencia en oración y le mostraron que esperarían su respuesta "a su debido tiempo".

Dios a menudo no nos da lo que queremos en el momento que lo pedimos, porque a Él le interesa nuestra relación. Cuanto más estamos delante de Él, esperamos en Él y seguimos acudiendo a Él, más lo llegamos a conocer, más reconocemos su voz y su corazón. Dios quiere que sigas acudiendo a Él, porque te ama. Y cuando Él pueda confiar que esperarás en Él, que caminarás cuando te diga "camina" y que esperarás cuando te diga "espera", podrá confiarte lo que le has pedido.

Dios está mucho más preocupado por lo que necesitas, que por lo que quieres. Y Él sabe exactamente qué quiere hacer con lo que le estás pidiendo. Él tenía un plan para la vida de Ana (y la vida de su hijo), que ella todavía no había descubierto. Él tenía un plan para Benjamín y Cristina, que todavía no habían descubierto. Y

Él tiene un plan para *tu* vida también. ¿Confiarás en el plan que Él tiene para ti? ¿Empezarás a escuchar a Dios para saber cuáles son sus deseos para tu vida?

Recuerda que su tiempo es perfecto. Debes estar dispuesta a esperar y ver lo que Él hará "a su debido tiempo".

Confía que llegará el debido tiempo de Dios

Lee Eclesiastés 3:1-8, luego tómate un tiempo para reflexionar en lo que Dios te ha pedido que esperes. De las cosas que finalmente Dios te ha dado, ¿cuáles han sido los beneficios de recibirlas en el tiempo de Dios? De las cosas que todavía no te ha dado, ¿qué podría Él querer hacer en tu vida —o en la vida de otra persona— *a su debido tiempo*?

Una oración que Dios quiere responder

Dios,

Tu regalo de amor más grande para nosotros es algo que te ha costado mucho. Tú nos diste a tu Hijo —Dios hecho carne— para que pudiéramos ver una demostración de la magnitud de tu amor por nosotros y tu deseo de que pongamos nuestra fe en ti.

Por eso vengo ante tu presencia para presentarte el deseo de mi corazón. Ayúdame a recordar que tu tiempo y tu manera de hacer las cosas son perfectas. Ayúdame a no cuestionarte y suponer que mis caminos son mejores que tus caminos. Porque tus caminos son más altos que nuestros caminos, y tus pensamientos más que nuestros pensamientos (Is. 55:8-9).

Gracias por todos tus buenos regalos que son perfectos y gracias también por lo que todavía no me has dado. Ayúdame a entender que tu "espera" se debe a que primero quieres hacer algunas cosas en mí o en otros, que podrían ser parte de tu respuesta. Haz en mi lo que quieras… a su debido tiempo.

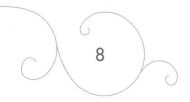

El máximo sacrificio

Cuando se lo devuelves a Dios

> Por este niño oraba, y Jehová me dio lo que le pedí.
> Yo, pues, lo dedico también a Jehová…
>
> 1 SAMUEL 1:27-28

A los 36 años de edad, Aurora estaba enfrentando la viudez mucho antes de lo que se imaginaba.

"Dios, ¿cómo puede esto ser bueno?", se preguntaba mientras esperaba para escuchar el parte médico sobre la condición de su esposo tras haber sufrido un aneurisma en el corazón.

"Todo el tiempo que estuve en la sala de espera del hospital aguardando que saliera el médico, había estado orando para que Dios salvara a mi esposo —dijo Aurora—. Sin embargo, ese no era el plan de Dios. La respuesta que Dios me dio fue: 'No. Confía en mí'".

Confiar en Dios cuando parece que nos pide lo imposible es una de las cosas más difíciles que nos puede pedir. Ponte en el dolor de Aurora por un momento, mientras ella describe cómo se sintió cuando Dios le pidió que se rindiera a *su* plan, lo cual implicaba perder a su esposo:

"Estaba muy enojada con Dios. Después de todo, Él todo lo sabe, todo lo ve y podría haber impedido la muerte de mi esposo ¿verdad? Pero Él demostró ser suficientemente grande para soportarme y tolerar mi enojo. Aprendí que no tenía que volverme loca por mis ciclos de enojo y culpa. Está bien enojarse, pero sin pecar (Ef. 4:26). Puedo decirle a Dios cómo me siento. También aprendí cuán diminuta es la semilla de mostaza. Dios dijo que si tuviéramos fe aun del tamaño de una semilla de mostaza, podríamos hacer casi cualquier cosa.[1] Y confié en esa verdad durante mi dolorosa experiencia".

"Más adelante, cuando surgió el dolor del duelo y la soledad, empecé a sentir el anhelo de una nueva relación. La respuesta de Dios para mí fue: 'Espera. Confía en mí'. No presté oídos a su voz y permití que mi desesperación me empujara a una relación que no era buena para mí. Debí haber permitido que Dios dirigiera mis pasos, pero no fue así. La respuesta de Dios a esa relación volvió a ser: 'No. Confía en mí'. Me tomó un tiempo, pero, cuando finalmente decidí confiarle mi futuro a Dios, sentí paz por primera vez desde que Hugo murió. Pude dejar de pensar en mí y empezar a ayudar a otros. Me ofrecí como voluntaria para colaborar en la reserva de alimentos y ropa de mi iglesia. Hice amigos nuevos en la iglesia y luego, en el 2009, conocí a un hombre que posteriormente se convirtió en mi esposo. Él es el mayor apoyo en mi vida y respeta mi pasado".

La historia de Aurora no significa que todas las viudas recorrerán el mismo camino y finalmente se volverán a casar. A fin de cuentas, depende de lo que Dios cree mejor para una mujer que acepta confiar en Él, aunque le esté diciendo "Espera" o "No".

"Dios sabe lo que está haciendo".

"El duelo es un proceso largo y difícil, tal vez, uno de los más difíciles que enfrentes en la vida —dijo Aurora—. No te despiertas una mañana y, de repente, decides que todo ha vuelto a ser perfecto. No es así. Tú eres una obra en

---

1. En Mateo 17:19-20, los discípulos de Jesús le preguntaron por qué no podían echar fuera un demonio de un hombre endemoniado. Jesús les respondió: "Por vuestra poca fe; porque de cierto os digo, que si tuviereis fe como un grano de mostaza, diréis a este monte: Pásate de aquí allá, y se pasará; y nada os será imposible".

progreso. Cometes errores. Sientes piedad de ti misma. Sufres, pero sabes que Dios está contigo. Mi mayor bendición fue descubrir que el Señor ha prometido cuidar de mí. Él dijo en su Palabra que cuidaría de las viudas y de los huérfanos (Sal. 146:9). Yo me aferro a esa promesa. Además, Dios trajo a mi vida personas que nunca hubiera conocido si no me hubiera pasado esto. Mis padres siempre me recordaban que cuando pasamos por pruebas podemos estar seguros de que Dios no malgastará esa experiencia. Podemos usar nuestras pruebas como oportunidades para alcanzar a otros".

"Otra bendición ha sido conocer a Alejandro, mi esposo actual, y adoptar a nuestra preciosa hija de ocho años. Dios ha puesto en nuestro corazón el anhelo de alcanzar a los niños de hogares sustitutos. Nos estamos preparando para volver a abrir nuestro hogar. Estas son bendiciones que no podría haber experimentado si el Señor no hubiera permitido que enviudara. Sí, desearía que las cosas hubieran sido diferentes. ¿Volvería atrás y cambiaría las cosas si pudiera? No. Dios sabe lo que está haciendo".

¿Observaste la última frase de Aurora? Esa fue su declaración de fe en medio de su prueba más difícil. Ese es el punto clave que debemos comprender a la hora de confiar en Dios en cualquier cosa que Él nos pida: *Dios sabe lo que está haciendo.*

Fe y sacrificio

La Biblia está llena de historias de personas de la vida real, que tuvieron que decidir si tendrían fe y confiarían que Dios sabía lo que estaba haciendo, aun en medio de grandes sacrificios personales o increíbles dificultades. A través de estas historias, llegamos a ver que la fe y una inquebrantable confianza en Dios son características de aquellos que son de Él.

Las Escrituras definen la fe como "Es, pues, la fe la certeza de lo que se espera, la convicción de lo que no se ve" (He. 11:1). Y esa clase de fe —la fe que confía en las promesas de Dios— es la que Él todavía nos pide hoy como evidencia de que somos de Él, que lo amamos y que creemos lo que dicen las Escrituras: que Él es un Dios bueno y lleno de amor, que solo quiere lo mejor para sus hijos.

En el Antiguo Testamento, leemos acerca de Abraham, a quien Dios dijo que tomara a Isaac, su hijo amado, y lo llevara al monte Moriah y lo ofreciera allí como un sacrificio de ofrenda quemada a fin de probar su obediencia a Dios. Abraham pudo haber pensado: *Dios, ¿cómo puede esto ser bueno? Esperé veinticinco años para que cumplieras tu promesa de darme un hijo en la vejez, y ahora, cuando todavía es un niño, ¿quieres que te lo devuelva como un sacrificio de ofrenda quemada aquí sobre esta montaña?* La Biblia no dice que Abraham tuvo estos pensamientos, sino que obedeció a Dios sin cuestionarlo. De hecho, el Nuevo Testamento nos revela qué estaba pensando este padre mientras subía la montaña con su joven hijo en obediencia a la espantosa petición de Dios:

> Fue *por la fe* que Abraham ofreció a Isaac en sacrificio cuando Dios lo puso a prueba. Abraham, quien había recibido las promesas de Dios, estuvo dispuesto a sacrificar a su único hijo, Isaac, aun cuando Dios le había dicho: "Isaac es el hijo mediante el cual procederán tus descendientes". Abraham *llegó a la conclusión de que si Isaac moría, Dios tenía el poder para volverlo a la vida*; y en cierto sentido, Abraham recibió de vuelta a su hijo de entre los muertos (He. 11:17-19, NTV).

Es importante observar que, probablemente, Abraham nunca hubiera escuchado historias de muertos que resucitaron. De modo que, para él, pensar que *si Isaac moría, Dios podía darle vida otra vez* indica que Abraham tenía una fe muy grande y creía que Dios era un Dios muy grande. Abraham sabía que Dios ya le había dado una importante promesa, una promesa fundamental sobre el nacimiento, la vida y el legado de su hijo. Abraham confiaba que si Dios le había dado a Isaac para que fuera padre de naciones, y ahora le estaba pidiendo que se le devolviera, obviamente *Dios sabía lo que estaba haciendo.*

Esa clase de fe me deja perpleja. Abraham no contaba con las Escrituras ni podía leer historias del pasado para saber cómo se había manifestado Dios en la vida de otros. De hecho, la prueba de fe de Abraham terminó siendo parte de las Escrituras, y su demostración de fe en esa prueba es una lección de la cual ahora aprendemos. Abraham, en su momento de prueba, no tuvo otra cosa a la cual recurrir que la promesa personal que Dios le había hecho. Dios le dio a Abraham su palabra. Y esa palabra era suficiente para que este anciano concluyera que *Dios sabía lo que estaba haciendo.*

Sin nada más, que con el carácter de Dios y su creencia en la integridad de su palabra, Abraham siguió las instrucciones de Dios. Cuando llegó a la cima de la montaña, ató las manos y los pies de su hijo y lo colocó sobre un montón de leña. Entonces, levantó un cuchillo al aire con la intención de clavarlo en el cuerpo caliente y el corazón palpitante de su amado hijo, que tanto había esperado. No fue hasta entonces, que Dios intervino rápidamente, salvó la vida de Isaac y le explicó a Abraham que había pasado su desgarradora prueba:

> Entonces el ángel de Jehová le dio voces desde el cielo, y dijo: Abraham, Abraham. Y él respondió: Heme aquí. Y dijo: No extiendas tu mano sobre el muchacho, ni le hagas nada; porque ya conozco que temes a Dios, por cuanto no me rehusaste tu hijo, tu único. Entonces alzó Abraham sus ojos y miró, y he aquí a sus espaldas un carnero trabado en un zarzal por sus cuernos; y fue Abraham y tomó el carnero, y lo ofreció en holocausto en lugar de su hijo. Y llamó Abraham el nombre de aquel lugar, Jehová proveerá. Por tanto se dice hoy: En el monte de Jehová será provisto (Gn. 22:11-14).

¿Qué estaba *pensando* Dios?

Recuerdo que mi papá me leía esta historia de un libro de historias bíblicas para niños, cuando yo tenía alrededor de siete años. Recuerdo pensar y preguntarle a mi papá: *¿Cómo podía Dios pedirle a un padre que hiciera semejante cosa?* Aun en mi juventud adulta me resultaba difícil comprender esa faceta de Dios. Recién hace poco pude tener una vislumbre más reveladora del corazón y la mente de Dios al reflexionar en ese incidente, tras el cual Dios reiteró su promesa a Abraham de que sería padre de naciones y bendeciría a todas las naciones de la tierra a través de él. Ahora me doy cuenta de que Dios no solo estaba desarrollando la fe de un hombre, sobre el cual edificaría una nación, sino que estaba fijando el corazón de Abraham solo en Él. Dios quería que Abraham estuviera dispuesto a hacer cualquier cosa que Él le pidiera. Esa es la clase de fe que Dios busca en nosotros también.

Y no puedo dejar de pensar que Dios estaba buscando *un hombre* que se identificara con su corazón cuando su propio Hijo, un día, subiera al monte Calvario para ser el sacrificio por los pecados de todos los que creyeran. Solo Abraham conocería —al menos momentáneamente— lo que significaba ofrecer a su hijo amado como un sacrificio. Solo Abraham podría identificarse de esa manera única con el corazón de Dios como padre.

Dios nos pide que participemos del sacrificio —en cosas pequeñas y a veces en cosas *enormes*—, porque ninguna otra experiencia en la tierra nos ayudará a identificarnos más con su corazón. Dios sabe qué es tener el corazón quebrantado después de ver a su justo e inocente Hijo amado morir en pago y propiciación por nuestros pecados. No pienses ni por un momento que Dios no comprende cualquiera de las situaciones dolorosas que has atravesado. Él hizo el sacrificio máximo al entregar lo que más amaba, y lo hizo por ti y por mí. Debemos preguntarnos: ¿Estoy dispuesta a rendir lo que más amo… para que *Dios* sea realmente primero en mi vida?

Hebreos 4:15 dice que cuando Jesús vivió y caminó en esta

tierra, experimentó la clase de dolor que nosotros experimentamos. Él fue un hombre conocedor del dolor. Fue tentado en las mismas cosas que nosotras somos tentadas y, sin embargo, nunca pecó. Jesús demostró tener una fe absoluta en que su Padre le ayudaría a atravesar todo lo que debía experimentar en esta tierra. Y Jesús fue obediente a su Padre hasta la muerte. De hecho, Jesús era más conocedor del quebranto y el sufrimiento que tú y yo. De manera que el sacrificio también nos ayuda a entender el corazón de Jesús.

El sacrificio de Ana

Cuando Ana hizo su voto a Dios al pedirle un hijo y prometer que después se lo devolvería, ella sabía que debía cumplir esa promesa. Cuando Dios fielmente "se acordó de ella" y permitió que concibiera, estoy segura de que ella tuvo consciencia, desde el momento que empezó a crecer en su vientre esa nueva vida, de la seriedad de su voto y la importancia de cumplirlo.

Observa cómo se desarrolla su historia y siente su corazón de madre mientras acuna, alimenta y cría a su único hijo durante esos primeros años, sabiendo que demasiado pronto llegaría el día en el que tendría que entregarlo al cuidado de otra persona. Su sacrificio —y máxima prueba de fe— todavía no había llegado:

> Aconteció que al cumplirse el tiempo, después de haber concebido Ana, dio a luz un hijo, y le puso por nombre Samuel, diciendo: Por cuanto lo pedí a Jehová.
>
> Después subió el varón Elcana con toda su familia, para ofrecer a Jehová el sacrificio acostumbrado y su voto. Pero Ana no subió, sino dijo a su marido: Yo no subiré hasta que el niño sea destetado, para que lo lleve y sea presentado delante de Jehová, y se quede allá para siempre.
>
> Y Elcana su marido le respondió: Haz lo que bien

te parezca; quédate hasta que lo destetes; solamente que cumpla Jehová su palabra. Y se quedó la mujer, y crió a su hijo hasta que lo destetó.

Después que lo hubo destetado, lo llevó consigo, con tres becerros, un efa de harina, y una vasija de vino, y lo trajo a la casa de Jehová en Silo; y el niño era pequeño. Y matando el becerro, trajeron el niño a Elí. Y ella dijo: ¡Oh, señor mío! Vive tu alma, señor mío, yo soy aquella mujer que estuvo aquí junto a ti orando a Jehová. Por este niño oraba, y Jehová me dio lo que le pedí. Yo, pues, lo dedico también a Jehová; todos los días que viva, será de Jehová. Y adoró allí a Jehová (1 S. 1:20-28).

Una vez que Ana recibió a su hijo tan anhelado, por el cual había orado, inmediatamente recordó y proclamó que su hijo le pertenecía al Señor. Ana le devolvió a Dios lo que ella más amaba, y no vio la recompensa ni las bendiciones de esa decisión hasta años más tarde.

Si eres madre, sé que te estarás preguntando cómo es posible que Ana haya abandonado a su hijo a tan temprana edad. ¿Cómo pudo desarrollar un vínculo con su pequeño niño sabiendo que pronto tendría que abandonarlo? Podemos tratar de minimizar el dolor y la posición de Ana al pensar: *Bueno, Ana lo estaba dedicando para el ministerio, por lo tanto, eso era mejor que entregárselo a cualquiera. Podía verlo año tras año y saber cómo estaba; además, él tendría una educación segura y piadosa puesto que se criaría en el templo con los sacerdotes.* Pero ten en cuenta que Ana le estaba entregando su hijo a un sacerdocio corrupto. (¿Recuerdas la conducta irresponsable e inmoral de los dos hijos de Elí, que eran sacerdotes?). Un comentarista bíblico dijo: "Ana colocó a su hijo muy joven e influenciable en un centro de adoración profano. Aunque humanamente parecía una insensatez, fue un acto de santo sacrificio. Su compromiso era con Dios; ella había acordado previamente con Dios su ofrenda. Con revelación profética sembró la generación siguiente, como lo había prometido".[2]

Antes de rendir a su hijo, Ana tuvo alrededor de tres preciosos años con el pequeño Samuel, que era el período de tiempo normal en el que las madres israelitas de esa época amamantaban a sus hijos.[3] Me imagino que Ana usó sabiamente ese tiempo para inculcar en su pequeño niño un fundamento espiritual que le permitiera estar firme mientras viviera en la casa corrupta de Elí. Samuel ya caminaba y hablaba cuando Ana lo llevó a su nuevo hogar. Estaba en la edad cuando los hijos sufren la "ansiedad de la separación". Aunque no tenía edad suficiente para ir a un jardín de infantes o preescolar, el pequeño Samuel era suficientemente grande para haber desarrollado un vínculo con su madre, suficientemente grande para que su madre le hubiera hablado de la importancia de su vida y del Dios que cuidaría de él.

Es muy posible que Ana tuviera el discernimiento de saber que su hijo estaba yendo a la casa de los sacerdotes en un tiempo crucial en la historia… para servir al Señor y ejercer una influencia decisiva en su pueblo. Me imagino que Ana agradecía cada día que estaba con su pequeño hijo, al saber que pronto tendría que soltar sus manitas, entregarlo al cuidado de Dios y regresar a un hogar sin hijos otra vez.

Me imagino que fue extremadamente difícil para Ana entregarle su hijo a Elí y, de ahí en adelante, verlo solo una vez al año, cuando junto a Elcana (y Penina, que ahora no tenía nada con Ana) iban a Silo a ofrecer sacrificios al Señor. Seguramente se quedarían en la ciudad, como mucho, un par de días, y ese habría sido el alcance del contacto anual de Ana con su hijo en sus años de crecimiento. Las Escrituras dicen que ella lo veía cada año y le llevaba una pequeña túnica que hacía para él (1 S. 2:19). Durante el breve tiempo que pasaban juntos, ella

---

2. *The Women's Study Bible* (Nashville, TN: Thomas Nelson Publishing, 1995), p. 445.

3. *The Women's Study Bible*, p. 446.

podía hablar con él, recordarle que era su hijo y confirmarle que Dios tenía un gran plan para su vida. Y podía decirle que oraba constantemente por él. Aunque su maternidad tuviera lugar a la distancia, podía verlo crecer y orar constantemente por su desarrollo. Cada año ella podía ver el cumplimiento de su sueño en la vida de su hijo.

Catalina, sin embargo, ya no puede hacer *ninguna* de esas cosas.

El aguijón del sacrificio

Al igual que Ana, Catalina tuvo que rendirle su hijo a Dios. Pero no de la manera que cualquier madre podría imaginar.

Donald, el único hijo de Catalina, tenía 22 años y estaba comenzando su último semestre en la Universidad de Auburn en Alabama. Tenía una novia, un trabajo que le esperaba para cuando se graduara y un futuro prometedor. Por lo tanto, su madre y todos los que lo conocían quedaron conmocionados cuando lo encontraron muerto en el piso de su apartamento el 18 de agosto de 2012; muerte que la policía atribuyó a "una herida de bala, al parecer, autoinfligida".

"Habíamos hablado varias veces un par de semanas antes de su muerte —dijo Catalina—. Siempre terminábamos de hablar y nos despedíamos con un 'te quiero'. Él parecía muy feliz mientras me contaba sus planes para el fin de semana, y quedamos en hablar más tarde sobre cuánto le costarían sus libros. Me enteré de su muerte por medio de mi cuñado, ¡quien lo vio en Facebook! Me llevó horas averiguar si estaba muerto y con quién debía hablar mientras esperaba a las personas que venían a verme. Hasta el día de hoy, nadie entiende por qué se quitaría la vida".

Catalina no solo perdió a su hijo amado, sino que se quedó sin respuestas ante una situación totalmente ilógica. Mientras la policía investigaba la muerte de Donald, no afloraron problemas ni encontraron evidencias de nada que pudiera ser una razón para que se quitara la vida. Donald no tenía antecedentes de consumo de drogas, de depresión ni siquiera de cambios de humor. Tenía muchos amigos y planes futuros. El detective que investigaba el caso estaba perplejo y no tenía explicación. Catalina nunca pudo ver el informe de toxicología o de la autopsia. Le quedaron muchas preguntas, incluso por qué la puerta trasera del apartamento de Donald estaba abierta, por qué le faltaba su billetera y después fue devuelta con una carta anónima, y por qué nunca se encontró su teléfono celular. Y si realmente se había querido quitar la vida, era ilógico para ella que se hubiera ido sin decir adiós.

"Mi hijo y yo estábamos muy unidos —dice Catalina—. Si él hubiera planeado hacer eso, me hubiera dicho por qué. Me hubiera dejado una nota. De cualquier manera que haya sido, ya no está sobre esta tierra. Tengo que aprender a vivir con eso más que tratar de descubrir por qué sucedió. Mi hijo, mi único hijo, por quien luché para mantener con vida tras nacer prematuramente y que casi crie sola, ahora está muerto. Él era la luz de mi vida. Estábamos muy unidos y él estaba a punto de empezar una etapa apasionante de su vida. Eso ya no sucederá para ninguno de los dos".

Catalina, que ha perdido a su padre, sus abuelos y amigos cercanos, dijo: "Nada duele tanto como la pérdida de un hijo. Es como si me hubieran arrancado cada parte de mi cuerpo y de mi alma. A veces es como si no pudiera respirar y súbitamente empiezo a llorar. Otras madres que pasaron por esta experiencia me han dicho que esto no mejorará, que seguirá así por mucho tiempo, y que no hay tal cosa como volver a la normalidad. Será una nueva normalidad y yo seré una nueva 'Catalina'. Lo que fue, ya no lo es más. Realmente parece como si el dolor se agudizara a medida que pasa el tiempo. Y a veces el dolor me paraliza".

Y, sin embargo, ella confía en que *Dios sabe lo que está haciendo*.

Catalina ha conocido y escuchado a mujeres que han perdido hijos y que se han sentido tan desoladas y enojadas con Dios que han llegado a cuestionar su fe e, incluso, a alejarse de ella.

"No entiendo cómo alguien puede seguir adelante sin la esperanza de que verá a su ser amado en el cielo —dijo ella—. Lo que he pasado es horrible. Es lo peor que un padre puede experimentar. Pero darle la espalda a Dios y seguir sola sería mucho peor. No he perdido mi fe por esto. Solo me ha hecho más fuerte. Aunque esto es lo peor que he experimentado, tengo una esperanza viva y Uno que me ayuda a *seguir adelante*. Nunca lograré sobreponerme, pero puedo *seguir adelante*".

Como madre, no puedo imaginar las lágrimas que ha derramado Catalina. No puedo imaginar el dolor de querer ver, abrazar, sostener y reírme con mi hija otra vez, sabiendo que no lo podré volver a hacer de este lado del cielo. Me han dicho que nadie puede entender la profundidad del dolor de perder a un hijo hasta que lo experimentas. Y *oro* para que nunca suceda. Pero pensar en esa horrible posibilidad me lleva a la cruz, donde mi Padre celestial dio a su Hijo voluntariamente —por ti y por mí—para que no tuviéramos que vivir eternamente separadas de Él. Tal vez el único consuelo para una madre que ha tenido que enterrar a su hijo sea el consuelo de que hay Uno que comprende totalmente su dolor, porque ha pasado por la misma situación antes que ella y *por* ella.

Devuélveselo a Dios

Dios, a veces, nos pide que le entreguemos algo que no queremos rendir, para que aprendamos a depender más de Él y formarnos para sus propósitos eternos.

"La fe, por su misma naturaleza, ha de ser experimentada y puesta a prueba —dice Oswald Chambers—. Y la verdadera prueba de la fe no es que encontremos difícil confiar en Dios, sino que el carácter de Dios ha de calar en nuestras mentes hasta que se haga en ellas algo demostrable y fiable".[4]

Nuestra fe es puesta a prueba cuando Dios nos pide algo que, desde un principio, nunca nos perteneció. Nuestra fe es puesta a prueba cuando Dios nos llama a confiar en su carácter aun cuando lo que nos está pidiendo parece imposible, doloroso o injusto.

---

4. Oswald Chambers, *En pos de lo supremo* (Barcelona: Editorial Clie, 1993), 31 de octubre.

Alina, del capítulo 2, recuerda el momento en el cual Dios le pidió el sacrificio de rendirle la vida de su esposo Ricardo, quien se estaba muriendo a causa de un linfoma.

"Tuve muchas conversaciones con Dios mientras conducía hasta el hospital cada día para estar con Ricardo —dijo Alina—. Todos estaban orando y pidiendo por su sanidad. Todos me decían que se sanaría. Pero algo dentro de mí me decía que no se sanaría. Finalmente, le dije al Señor: 'Te lo puedes llevar'. Después de ver a Ricardo desmejorar, acepté la realidad y dije: 'Señor, es tuyo. Tú me lo has dado por un breve tiempo. Tuve la bendición —enorme— de ser su esposa. Pero él es tuyo y, si esto es lo que has decidido, que así sea'".

"Después tuve que consolar a todos los demás —dijo Alina—. Todos estaban enojados con Dios. Estaban desconsolados". Pero Alina pudo mantener su fortaleza, porque reconocía de quién era su esposo. Le pertenecía a Dios, y ahora Dios se lo estaba llevando otra vez con Él.

"Recuerdo que el médico me contó la historia de un niño pequeño que, sentado a los pies de su madre, la miraba mientras trabajaba en un tejido. Él le preguntó qué estaba haciendo, porque no se veía bien desde su punto de vista. Su madre le dijo: 'Cuando lo termine, verás qué hermoso quedará'".

"Así es con Dios —dijo Alina—. Solo vemos la fealdad de nuestra situación presente cuando somos llamadas a rendirnos. No vemos la belleza del resultado final de la obra de Dios".

Déjalo sobre el altar

Tal vez, mientras lees esto, Dios te está pidiendo que le entregues algo. ¿Un temor? ¿Alguna reserva? ¿Algo que sostienes con todas tus fuerzas por temor a que te lo quite? Querida amiga, Dios no nos da un espíritu de temor (2 Ti. 1:7). Él no anda buscando áreas de tu vida donde pueda lastimarte para que seas una cristiana más fuerte. Puedo decir que Él tiene propósitos eternos que van más allá de nuestro entendimiento y sabe quién puede soportar esas pérdidas y fortalecerse a través de ellas y quién no. Sé una de aquellas personas que Dios sabe que lo amarán y confiarán en Él a pesar del costo.

Estas son algunas maneras de poner en el altar todo lo que tienes como una forma de decir: "Debido a que tú diste todo por mí, quiero responder con fe y dártelo todo a ti". Esto no quiere decir que Dios te quitará aquello que más amas; Él te dará su paz para que, pase lo que pase en esta vida, no seas conmovida.

1. Reconoce que Dios sabe lo que está haciendo. En esto radica la absoluta verdad y consuelo. No es al entender el por qué, sino al confiar totalmente en su decisión, que le mostramos a Dios —y a otros— que reconocemos que Él sabe lo que está haciendo. Al igual que Alina, Amanda y Aurora —quienes vieron a sus esposos partir hacia la eternidad— la clave fue saber, sin lugar a dudas, que Dios sabía lo que estaba haciendo. Como sucedió con Catalina, que puede aferrarse a Dios a pesar del dolor de perder a su hijo, la clave es confiar en Dios aun cuando no tienes todas las respuestas. Cuando puedas decir: "Dios, que sea tu voluntad, y no la mía", habrás dado el primer paso de la rendición.

Cuando puedas decir: "Dios, que sea tu voluntad, y no la mía", habrás dado el primer paso de la rendición.

2. Recuerda que Dios quiere lo mejor para ti. Puede que tengas que seguir recordando tres cosas: (1) Dios es bueno; (2) Dios no puede hacer nada que contradiga su amor y bondad; (3) Dios sabe mejor que tú, no solo lo que es bueno, sino lo que es mejor para tu vida. Si puedes confiar en Él de esta manera, estás confiando en Él sin ver. Y eso es verdadera fe.

3. Ríndele tus temores, tus expectativas y tus deseos a Dios. No tiene sentido estresarte o dejar de dormir por situaciones que no puedes resolver. Cuando le entregamos a Dios nuestros temores, preocupaciones, expectativas y planes de cómo hubiéramos hecho nosotras las cosas, estamos diciendo: "Dios, tú puedes manejar mi vida mucho mejor que yo, y te confío todo lo que soy y todo lo que tengo". Si Dios puede sostener unido a todo el universo, puede sostener y preservar tu vida aun cuando parece que todo se está viniendo abajo.

Cualquiera sea el costo

En el libro devocional *En pos de lo supremo*, Oswald Chambers planteó una pregunta que sigue trayendo convicción a mi corazón:

> ¿Estoy totalmente dispuesto a dejar que Dios me tome con su poder y haga en mí una obra que sea verdaderamente digna de Él? La santificación no es mi idea de lo que quiero que Dios haga por mí. La santificación es la idea que Dios tiene de lo que quiere hacer conmigo. Pero para hacerlo tiene que llevarme a un estado de mente y espíritu en el que yo permita que Él me santifique totalmente, cueste lo que cueste (1 Ts. 5:23-24).[5]

La frase "cueste lo que cueste" puede ser espantosa a veces. Pero tú y yo no tenemos por qué temer a Dios, quien nos ama incondicionalmente y envió a su Hijo a morir por nosotros. En realidad, podemos confiarle —como hizo Ana— todo lo que Él nos ha dado. Lo que colocamos en sus manos está más seguro que en cualquier otro lugar de esta tierra.

Chambers, quien me presentó un reto con la pregunta anterior, también me consoló con estas palabras sobre nuestro Dios, que mostró un sacrificio de amor tan enorme por nosotros:

> Algunas veces, Dios te parecerá un amigo poco bondadoso, pero no es así; te parecerá un padre innatural, pero no lo es; te parecerá un juez injusto, pero no es

---

5. Chambers, 14 de agosto.

cierto. Recuerda siempre que la mente de Dios está detrás de todas las cosas. Nada sucede en la vida, ni un solo detalle, que la voluntad de Dios no esté detrás de ello. Por eso, puedes descansar confiadamente en Él.[6]

La fe, tal como lo enseña la Biblia, es confianza absoluta en Dios que se enfrenta a todo lo que lo contradiga hasta el punto de exclamar: "Me mantendré fiel al carácter de Dios, haga Él lo que haga". La más grande y noble expresión de fe en toda la Biblia es: (lo que dijo Job después de perder todo lo que más amaba) "Aunque me mate, en Él confiaré" (Job 13:15).[7]

Sigue adelante, amiga mía. Tú puedes. Suelta aquello que has estado sosteniendo tan fuerte. Ofrécelo nuevamente a tu amoroso Salvador con las manos abiertas. Y siente su deleite en la paz que invadirá tu alma cuando finalmente llegues al lugar donde Él te ha estado esperando durante *toda* tu vida.

Ríndelo para la gloria de Dios

Aplica las tres R —reconocer, recordar, rendir— a tu situación, y escribe una respuesta piadosa a Dios en cada uno de los espacios de abajo:

Paso uno: Dios *reconozco* que tú sabes lo que estás haciendo en_____

_____.

6. Chambers, 16 de julio.
7. Chambers, 31 de octubre.

Paso dos: Dios, ayúdame a *recordar* que tú sabes qué es mejor para mí y por lo tanto_____

_____.

Tercer paso, Dios, te *rindo*_____

_____

y confío que_____

_____.

Una oración de ofrecimiento

Ahora toma las oraciones anteriores como una oración a Dios y entrégale de nuevo lo que más anhelas.

La persistencia

Cuando sigues siendo fiel

Y le hacía su madre una túnica pequeña y se
la traía cada año, cuando subía con su marido
para ofrecer el sacrificio acostumbrado.

1 SAMUEL 2:19

Se dice que la verdadera prueba de nuestro carácter es cómo somos cuando estamos solos.

Yo agregaría que nuestro carácter es realmente probado cuando nuestro futuro es incierto, cuando nuestro camino es doloroso, cuando nuestro diagnóstico es terminal.

Conocí a Helena cuando prediqué en una conferencia de fin de semana en Nueva York. Su cálida sonrisa me invitó a sentarme a su lado a la hora del almuerzo. Me presenté y saludé a esta mujer de voz dulce. Ella, con un brillo en sus ojos, me dijo: "Dios es *muy* bueno".

Había escuchado la misma frase de labios de Alina (cuya doble historia de cáncer relaté en el capítulo 2), así que le pedí a Helena que me contara su historia.

"En varias cirugías, los médicos me han unido con pegamento, me han puesto tornillos y grapas, y me han cosido", dijo con una sonrisa.

¿Una sonrisa?

Con curiosidad, me acerqué a ella y me contó el resto de su historia.

"Tengo cáncer terminal en la sangre —siguió diciendo Helena—. *Terminal*... que palabra curiosa. Una terminal es una estación donde llegan los trenes, así que creo que solo estoy de tránsito".

No estaba totalmente preparada para lo que Helena me siguió contando. No siempre te encuentras con una mujer que habla con tanta libertad —y paz— sobre su inminente muerte. Pero estaba muy contenta de haberle pedido que me contara su historia. Si no lo hubiera hecho, me hubiera perdido la oportunidad de conocer un legado en ciernes.

A Helena le habían diagnosticado mieloma múltiple, un tipo de cáncer en la sangre que no tiene cura. "A otras personas con cáncer les crece un tumor —dijo Helena—. En mi caso, mi sangre se está comiendo mis huesos... me produce agujeros, fracturas y lesiones. Para un especialista de huesos, es como una especie de osteoporosis avanzada".

Los médicos le dieron a Helena hasta diez años de vida. Pasó el primer año tratando de sobrevivir a los tratamientos para el cáncer: dos cirugías delicadas, seis meses de quimioterapia y un trasplante de células madres.

Helena tiene dos hijas: una de 28 años con un retraso en su desarrollo y una de 18 años (que tenía 15 cuando le diagnosticaron a Helena su enfermedad).

"Mi hija mayor está internada en una maravillosa residencia cristiana. Me da paz saber que la atienden. Pero me preocupa dejar a mi hija adolescente. Mary, me destroza el corazón —dijo ella—. Mi oncólogo me dijo que escribiera tres cartas para Mary: una para que la lea en la graduación de su escuela secundaria, una para que la lea en la graduación de la universidad y la tercera para que la lea el día de su boda, por si no llego a vivir diez años".

Así como Ana debe haber luchado cuando finalmente llegó la hora de dejar a su hijo al cuidado de Elí, Helena lucha con la idea de dejar a Mary, su hija menor, cuando Dios se la lleve de esta tierra.

"Ella y yo siempre hemos estado muy unidas. Me pregunto si la veré el día que reciba su diploma. Me pregunto quién llegará a ser.

Me pregunto si he conocido a su esposo o si el Señor traerá a otro hombre a su vida. Me pregunto sobre los errores que cometerá, en los que necesitará la ayuda de una madre. ¿Seguiré estando aquí cuando ella me necesite?".

Una paz innegable

Aunque Helena no tiene certeza de cuánto tiempo le queda de vida, ella, al igual que Aurora y Catalina del último capítulo, tiene certeza de que *Dios sabe lo que está haciendo.*

"Tuve que tomar una decisión —dijo Helena—. O me enojaba con Dios y atravesaba esta enfermedad en desdicha, o bien aceptaba la compañía de Dios y la atravesaba a su manera. De cualquier manera la tendría que atravesar. Y quise estar más cerca de Él, porque no podía hacerlo sola".

Al igual que Ana del relato bíblico, Helena ha derramado su alma delante de Dios. Al principio oraba por sanidad y por más años para participar de la vida de su hija. Pero, hasta ahora, en vez de un sí, Dios le ha dado la respuesta de su Presencia.

"Dios no me debe un sí como respuesta a mis oraciones —dijo Helena—, pero su promesa es que Él nunca me dejará ni me desamparará (He. 13:5). Él estará a mi lado. Estar en la perfecta voluntad de Dios, aunque no sea el lugar donde queramos estar, es el mejor lugar para nosotros".

"Saber que Dios me ama en gran manera… alegra mi alma de manera indescriptible".

"Al principio, me despertaba con el temor *a morirme* —dijo ella—. Una mañana me desperté y clamé: 'Dios, devuélveme el gozo'. Esa mañana, cuando Dios me ayudó a ver que nunca había *perdido* el gozo, fue un momento decisivo en la aceptación de mi diagnóstico".

"Sucedió que después de pedirle a Dios que me devolviera el gozo, esa mañana leí en mi devocional: 'El gozo del Señor es mi fortaleza'. Entonces me di cuenta de que estaba teniendo una perspectiva totalmente equivocada. Y le pedí a Dios que cambiara mi perspectiva. Lo que en ese momento me vino a la mente fue *el gran amor de Dios por mí*. Sí, otras personas me expresaban su amor, y sentir su amor me emocionaba; pero ese día en particular (y cada día desde entonces), recibí una vislumbre de cuánto me ama *Dios*. De modo que mi oración fue que mi pensamiento cada día fuera *el gran amor de Dios por mí*. Y, en efecto, a la mañana siguiente, mi primer pensamiento cuando me desperté fue *el gran amor de Dios por mí*".

"Por primera vez en mi vida me di cuenta de que Dios se *deleitaba* en mí, y no por nada que yo hubiera hecho. Él se deleita en cada una de nosotras. Él no quiere que nos sintamos solas, olvidadas o desesperanzadas. Él quiere que conozcamos ese profundo amor que se deleita en nosotras y que cuida de cada detalle que nos preocupa en nuestra vida".

"Saber que Dios se deleita en su relación conmigo me ha hecho disfrutar de mi relación con Él más de lo que me imaginaba. Previo a mi diagnóstico, no tenía idea de cómo disfrutar de Dios. Pero el hecho de saber que Dios me ama en gran manera y se deleita y se goza porque soy suya alegra mi alma de manera indescriptible. Me ha dado una perspectiva celestial y una vislumbre positiva del cielo. Imagina qué pasaría si todas tuviéramos ese pensamiento al enfrentar cada día".

Helena sigue siendo fiel a Dios y da clases de enseñanza bíblica, predica y cuenta su historia en reuniones de mujeres, y considera que cada día es un día precioso en el cual puede vivir para Él.

"Solía pensar que el tiempo que me quedaba de vida era corto. Una amiga mía me consoló hace poco cuando me dijo: 'No, Helena, tu vida será exactamente la cantidad de tiempo que Dios ha determinado'. Y eso me trajo consuelo".

Lo que ella ha obtenido

"Tal vez la pieza que me faltaba al pensar que la vida aquí en la tierra podía ser el premio era llegar a entender que, en realidad, el premio es el mismo Jesucristo, el Rey de reyes y Señor de señores. Él es la esperanza de gloria, que ha terminado con el aguijón de la muerte e incluso le ha dado un propósito. Como dijo Pablo: 'Porque para mí el vivir es Cristo, y el morir es ganancia' (Fil. 1:21)".

"Otra pieza perdida en mi vida fue el pleno entendimiento de la importancia de crecer en la fe y confianza en el Señor. He llegado a creer que el Señor anhela que confiemos en Él y que usará cualquier cosa para que lleguemos al punto de decir: 'Te amo por sobre todas las cosas. Tú eres un Dios bueno'. Él hace crecer nuestra confianza a través de lo que consideramos tragedias. Creo que hay oportunidades para conocer mejor a Dios. Porque cuando le confiamos a Dios todas nuestras 'cosas' (incluso nuestra esperanza, nuestros sueños y temores), podemos ver cómo Él abre las puertas del cielo y suple cada una de nuestras necesidades con abundantes bendiciones".

A diferencia de Helena, nunca me han diagnosticado cáncer. A diferencia de Catalina, a quien vimos en el último capítulo, nunca sufrí la pérdida de un hijo. A diferencia de Alina, Amanda y Aurora, cuyas historias has leído en capítulos anteriores, nunca he experimentado el dolor de perder a un esposo. Hasta el día de hoy, todavía no he perdido a mis padres ni a mis hermanos ni tampoco mi hogar debido a una adversidad financiera o un desastre natural. Y, sin embargo, el día que pasen una o más de esas cosas, solo puedo orar que mi respuesta sea como la de Helena y la del siervo de Dios, Job: "Jehová dio, y Jehová quitó; sea el nombre de Jehová bendito" (Job 1:21).

El cántico de celebración de Ana

Ana vio al Señor dar y quitar de su vida. Ella oró por un hijo, el Señor se lo dio y después que terminó de amamantarlo, se lo devolvió al Señor. Las Escrituras dicen que después que Ana llevó al pequeño Samuel a Elí, hizo algo que me parece admirable: ¡cantó un cántico de alabanza a Dios! Su cántico de agradecimiento estaba centrado en la soberanía del Señor y en su gracia para el humilde, así como en su liberación y su manera de revertir la suerte de los jactanciosos y de los que esperan en Él. (¿Podía referirse a la molesta Penina, cuando dice: "la que tenía muchos hijos languidece"? Solo un pensamiento). Lee las palabras de esta mujer, que le agradece a Dios por haberle dado el hijo que tanto esperaba, incluso cuando se lo está devolviendo a Él para el resto de su vida.

Y Ana oró y dijo:

> Mi corazón se regocija en Jehová,
> Mi poder se exalta en Jehová;
> Mi boca se ensanchó sobre mis enemigos,
> Por cuanto me alegré en tu salvación.
>
> No hay santo como Jehová;
> Porque no hay ninguno fuera de ti,
> Y no hay refugio como el Dios nuestro.
>
> No multipliquéis palabras de grandeza y altanería;
> Cesen las palabras arrogantes de vuestra boca;
> Porque el Dios de todo saber es Jehová,
> Y a él toca el pesar las acciones.
>
> Los arcos de los fuertes fueron quebrados,
> Y los débiles se ciñeron de poder.
> Los saciados se alquilaron por pan,
> Y los hambrientos dejaron de tener hambre;
> Hasta la estéril ha dado a luz siete,
> Y la que tenía muchos hijos languidece.
>
> Jehová mata, y él da vida;
> Él hace descender al Seol, y hace subir.
> Jehová empobrece, y él enriquece;
> Abate, y enaltece.
> Él levanta del polvo al pobre,
> Y del muladar exalta al menesteroso,
> Para hacerle sentarse con príncipes y heredar un sitio
> de honor.

Porque de Jehová son las columnas de la tierra,
Y él afirmó sobre ellas el mundo.
Él guarda los pies de sus santos,
Mas los impíos perecen en tinieblas;
Porque nadie será fuerte por su propia fuerza.

Delante de Jehová serán quebrantados sus adversarios,
Y sobre ellos tronará desde los cielos;
Jehová juzgará los confines de la tierra,
Dará poder a su Rey,
Y exaltará el poderío de su Ungido (1 S. 2:1-10).

Las palabras y cánticos de las personas de los tiempos bíblicos pueden parecer muy diferentes a las palabras que usamos hoy. Así que busqué el cántico de celebración de Ana en una traducción moderna que sigue manteniendo el significado de las palabras originales hebreas que Ana usó en su cántico, pero que le agrega la emoción del lenguaje hebreo y lo expresa con palabras que podríamos usar hoy. Me conmovió tanto leerla que quería que tuvieras esa experiencia también. Léela ahora otra vez y siente el júbilo del corazón de esta mujer; no por lo que tuvo que rendir, sino por lo que Dios estaba haciendo en ella por medio de su rendición. Fíjate si acaso puedes hacer este cántico *tuyo* al ver cómo Dios se está manifestando en tu vida:

Mi corazón salta de alegría por el Señor,
mi fuerza reside en el Señor,
mi boca se ríe de mis rivales,
porque he disfrutado de tu ayuda.

Nadie es santo como el Señor,
nadie es fuerte como nuestro Dios,
porque no hay otro como tú.

No pronuncien ustedes discursos altaneros,
arrojen ustedes la arrogancia de sus bocas,

porque el Señor es un Dios sabio
y evalúa todas las acciones.

El arco de los valientes se hace trizas
y los cobardes se arman de valor.
Los hartos se alquilan por pan
y los hambrientos se sacian:
la mujer estéril da a luz siete hijos
y la madre fecunda se marchita.

El Señor da la muerte y da la vida,
hunde en el abismo y salva de él.
El Señor empobrece y enriquece,
rebaja y engrandece;
saca del lodo al miserable,
levanta de la basura al pobre
para sentarlo entre los príncipes
y adjudicarle un puesto de honor.

Del Señor son los pilares de la tierra
y sobre ellos cimentó el universo.
Él guía los pasos de sus amigos,
mientras los malvados se pierden en la oscuridad,
porque nadie triunfa por sus fuerzas.

El Señor desarma a sus adversarios,
el Altísimo lanza truenos desde el cielo;
el Señor juzga hasta el lugar más apartado;
el Señor fortalece a su rey
y engrandece el poder de su ungido (BLPH).

¡Oh! tener un corazón de alabanza como ese después de un sacrificio. Es entonces cuando estamos viviendo la voluntad de Dios para nuestra vida como lo declara 1 Tesalonicenses 5:18: "Dad gracias en *todo*, porque esta es la voluntad de Dios para con vosotros en Cristo Jesús". Lo que más me gusta del cántico de Ana es que no es un cántico triste que vuelve a relatar todo lo que tuvo que rendir. Es un cántico de expectación y celebración de todo lo que Dios hará con lo que ella le acaba de dar. ¡Que tú y yo podamos tener esa clase de expectativa —en vez de lamento— cuando le rendimos a Dios lo que más amamos!

La fidelidad constante de Ana

Después que Ana elevó su cántico de alabanza y regresó a su hogar, no solo siguió adelante con su vida; sino que siguió teniendo a su hijo en su corazón como cualquier mujer haría. Año tras año regresaba con su esposo a Silo para ofrecer sacrificios al Señor. Y, cada vez, Ana llevaba una túnica para su hijo, que le había hecho para que la usara durante el año siguiente en el que estarían separados. Me imagino que mientras Ana cosía cada túnica, también sembraba oraciones en favor del corazón y el desarrollo del carácter e integridad de su hijo.

Las Escrituras dicen que Dios honraba a Ana por su constante fidelidad hacia su hijo y el Señor:

> Y el joven Samuel ministraba en la presencia de Jehová, vestido de un efod de lino. Y le hacía su madre una túnica pequeña y se la traía cada año, cuando subía con su marido para ofrecer el sacrificio acostumbrado. Y Elí bendijo a Elcana y a su mujer, diciendo: Jehová te dé hijos de esta mujer en lugar del que pidió a Jehová. Y se volvieron a su casa. Y visitó Jehová a Ana, y ella concibió, y dio a luz tres hijos y dos hijas. Y el joven Samuel crecía delante de Jehová (1 S. 2:18-21).

¡Dios recompensó la fidelidad de Ana hacia Él al darle *cinco* hijos más! Pero también bendijo la vida de Samuel. Más adelante, la historia nos cuenta algo muy significativo sobre el primer hijo de Ana: "Y el niño Samuel crecía en estatura y en gracia para con el Señor y para con los hombres (v. 26, lbla).

La misma descripción, casi palabra por palabra, se hace acerca de solo una persona más de la Biblia. En Lucas 2:52 vemos estas palabras básicas en referencia a la niñez de Jesús: "Y Jesús crecía en sabiduría y en estatura, y en gracia para con Dios y los hombres".

Samuel tenía la unción de Dios y creció con la misma gracia que Dios le concedió a su propio Hijo. Esta descripción de Samuel es otra indicación de que Ana fue fiel en sus constantes oraciones por él y en el contacto que cada año tenía con él. Veremos más al respecto en el último capítulo cuando hablemos del legado de Ana… y de Samuel.

Cualquiera puede ser fiel por un momento, o cuando le va bien. Pero ¿ser fiel a Dios toda la vida en las buenas y en las malas? Esto alegra el corazón de Dios y forja nuestro legado.

La lucha continua de Pamela

Durante los cuarenta años de su vida cristiana, Pamela ha sufrido un incidente tras otro, que podría haber apagado su fe. Ha tenido que enfrentar muchas tormentas en su vida. Sin embargo, ha permanecido fiel, aun en tiempos de extrema incertidumbre.

Cuando Pamela tenía 35 años (¡y era madre de ocho hijos en ese entonces!), se hizo una mamografía de rutina y una revisión médica a causa de un período menstrual atípico. Cuando la llamaron para darle los resultados de los exámenes, las noticias fueron emocionantes y aterradoras a la misma vez. ¡Estaba embarazada de su noveno hijo! Esa era la parte emocionante, dijo ella. ¡Pero su mamografía mostraba cáncer de mama! Su primera reacción fue entrar en pánico. No podía recibir tratamiento para el cáncer mientras estuviera embarazada. Pero si se negaba a recibir tratamiento podía morir. Su mente no dejaba de dar vueltas con todas las preguntas "hipotéticas" que se formula toda madre con un diagnóstico así. Para ella, la pregunta insistente era: ¿qué pasará con mis ocho —tal vez nueve hijos— si me muero?

Aunque Pamela tiene un esposo que sabe que se haría cargo del buen cuidado de sus hijos si ella se muriera, no deja de preocuparse por la posibilidad de perderse momentos de sus vidas y no estar con ellos cuando la necesiten.

"Durante los días siguientes me vinieron todo tipo de pensamientos por el temor a la muerte, pero a la vez era consciente de la nueva vida que crecía dentro de mí —dijo ella—. Leí la Biblia, lloré y busqué al Señor por una respuesta y Él trajo paz a mi corazón".

Pamela creyó que la respuesta de Dios para su vida era que no hiciera nada; que solo confiara en Él y descansara en su perfecta voluntad. "Estaba convencida de que, pase lo que pase, todo estaría bien".

Pamela se fortaleció a través de muchos cánticos de las Escrituras, entre ellos el Salmo 37:3-5:

> Confía en Jehová, y haz el bien;
> Y habitarás en la tierra, y te apacentarás de la verdad.
> Deléitate asimismo en Jehová,
> Y él te concederá las peticiones de tu corazón.
> Encomienda a Jehová tu camino,
> Y confía en él; y él hará.

"Las promesas de la Palabra de Dios son verdaderas y nunca fallan —dijo Pamela—. Me aferré a este pasaje de las Escrituras y a varios otros mientras esperaba los resultados de la biopsia". El día que le dieron los resultados, el radiólogo estaba confundido y decía: "No entiendo; estoy seguro de que era cáncer, pero ya no está". Pamela comentó: "Una amiga de la iglesia, que trabajaba con el radiólogo dijo: 'Yo sé lo que pasó. Oramos por ella en la iglesia y Dios respondió nuestras oraciones por su sanidad. Es un milagro'".

Después, cuando Pamela tenía alrededor de 45 años, se enfermó de un trastorno con múltiples síntomas que duraban de seis a ocho semanas. Tuvo dos episodios. El segundo episodio fue al año y medio (y mucho más grave que el primero). Sus brazos y piernas estaban extremadamente débiles, tenía un hormigueo en los dedos y los sentía dormidos. Tenía dificultades para sostener las cosas sin que se le cayeran. No podía pronunciar bien al hablar y le era difícil pensar. No tenía energía y, durante el segundo episodio, arrastraba las piernas para poder caminar. Después de hacerse una resonancia magnética, le diagnosticaron esclerosis múltiple.

"Tenía diez hijos, ocho de los cuales estaban en casa y vivíamos en una casa de tres pisos. En ese momento, tenía una amiga que también padecía de esclerosis múltiple. Su enfermedad progresó rápidamente hasta que terminó en una silla de ruedas, pero luego le dieron una medicación nueva que detuvo la progresión por un tiempo. Yo quería empezar inmediatamente con esa medicación para no quedar lisiada, pero no pude conseguir un neurólogo que confirmara el diagnóstico. Estaba muy desanimada y confusa, y me pasaba el día llorando. Un día, casi a las cinco semanas del segundo episodio, el Señor me mostró que mi batalla no era con los médicos, sino con Él".

"Le dije que si Él podía usarme mejor en una silla de ruedas, que si estuviera de pie, entonces que así sea".

"Él quería que me rindiera a su perfecta voluntad, aunque eso significara quedar lisiada por el resto de mi vida. Realmente quería que el Señor me usara y anhelaba volver a sentir su paz y su gozo. Después de clamar y batallar por un tiempo, me rendí a la voluntad de Dios para mi futuro, sea cual sea. Le dije que, si Él podía usarme mejor en una silla de ruedas, que si estuviera de pie, que así sea. De inmediato sentí que me llenó de su gozo y su paz".

Poco después de haberse rendido a Dios, Pamela encontró a un médico que *realmente* empezó a escucharla. Después, a las pocas semanas, Dios levantó a Pamela de esa enfermedad. Y sus síntomas nunca regresaron.

"Dios usó esta grave situación en mi vida para enseñarme que puedo confiar en Él cualquiera que sea la tormenta que esté enfrentando. Su voluntad es perfecta, no importa cuál sea el resultado. Mi anhelo es que el Señor me use de alguna manera, pero el Señor sabe cómo quiere hacerlo. La fe de todas las personas de mi iglesia que oraron por mí durante este tiempo se fortaleció a lo largo de toda esta prueba".

"Ahora, al mirar atrás, veo que estaba tratando de no terminar lisiada en vez de descansar en la perfecta voluntad de Dios y en cómo *Él* quería usar mi vida".

Su peor prueba aún no había llegado

Hace cinco años, cuando Pamela tenía 55 años, experimentó la prueba más difícil de su vida. Noemí, su hija de 17 años (la menor de sus diez hijos) cruzó un semáforo con luz roja intermitente y su vehículo fue investido del lado del conductor por otro conductor que iba a 90 km por hora. Noemí fue trasladada en helicóptero al hospital con las costillas rotas, el diafragma desgarrado, un colapso pulmonar, una quebradura de pelvis y una grave lesión cerebral.

Pamela dijo que mientras Noemí yacía inconsciente en la unidad de cuidados intensivos, cada día que pasaba, la familia no sabía si viviría o moriría.

"Cada noche me atormentaban algunas palabras que había dicho varias veces hacía poco. Había criado hijos durante treinta y cuatro años y ya quería terminar con esa etapa. Deseaba que llegaran los días cuando volviera a ser libre para hacer lo que quisiera, y les dije a mis amigas: 'Cuando Noemí se case y finalmente tenga el nido vacío, voy a hacer una fiesta e invitar a todos'. Pero con Noemí en el hospital, de repente me di cuenta de que la etapa de crianza de mis hijos podría terminar más rápido de lo que imaginaba. Clamé al Señor para que me perdonara y le pedí que levantara a Noemí".

"Dios me perdonó, por supuesto. Le di gracias porque Él no nos reprocha por nuestros pecados, sino que, si confesamos nuestros pecados, Él es misericordioso y nos perdona (Sal. 130:1-4). Él me recordó que nos da a nuestros preciosos hijos por un tiempo breve para amarlos, enseñarles su Palabra, enseñarles a amar a Dios y prepararlos para su futura independencia. Él me recordó qué gran tesoro son mis hijos para mí. Su respuesta de que la sanara fue: 'Espera, será un camino largo'".

"Saber que el Señor me había perdonado y que tenía su paz me ayudó a esperar en Él y a confiar en su perfecta voluntad para Noemí. A lo largo de toda esta prueba, Dios fue fiel conmigo al darme lo que he necesitado a lo largo del camino y al llenarme de su fortaleza y de su paz".

"Muchas veces, durante los últimos cinco años, he clamado a gran voz al Señor por Noemí. La mayoría de las veces fue porque había desviado mis ojos de Él y me había permitido pensar todo el tiempo en mis circunstancias. Pero hoy, cuando miro atrás y veo lo que ha sucedido, puedo ver cómo el Señor ha hecho crecer mi fe con el paso de los años y me preparó para esta prueba presente".

¿Cómo pudo Pamela ser fuerte en la fe a pesar de todo lo que le ha ocurrido en las dos décadas pasadas? Ella se mantuvo aferrada a las promesas de Dios y continuamente sacaba fuerzas de las Escrituras.

Sé fiel en las pruebas

Ana siguió siendo fiel a Dios cada año y honró su compromiso con Él. De manera similar, Helena y Pamela también han sido fieles a Dios. Con sus ejemplos en mente, quiero dejarte algunos pensamientos sobre cómo permanecer fuerte y fiel en medio de las pruebas de la vida.

Rodéate de pasajes bíblicos

Helena encontró consejos para su situación, día a día, en las Escrituras: "Dios no nos dice que demos gracias *por* nuestras circunstancias, sino que demos gracias *en* ellas" (ver 1 Ts. 5:18). Al empezar a dar gracias a Dios en todo, finalmente ella pudo agradecer verdaderamente al Señor por las "dádivas" que en otro tiempo hubiera sido difícil aceptar. "Ahora puedo agradecer a Dios por el cáncer, pero al principio no fue así", dijo ella.

> Cuanto más leas, escuches y estudies la *Palabra de Dios*... más aliento recibirás y más podrás seguir siendo fiel.

Las Escrituras han sido de gran consuelo para Pamela también; en particular, cuando estaba embarazada y creía que tenía cáncer y ahora también en medio de estos días de incertidumbre en los que está cuidando de su hija menor. ¿Tienes algunos versículos escondidos en tu corazón (es decir, si los has

memorizado), escritos en una hoja de papel en frente de ti o atados en tu muñeca mediante un brazalete? Cuanto más leas, escuches y estudies la *Palabra de Dios* —en vez de las palabras de los demás— más aliento recibirás y más podrás seguir siendo fiel.

Sumérgete en la presencia de Dios

Helena descubrió que enfocarse en la presencia de Dios (y en pasajes bíblicos que le recuerden su presencia) la ha reconfortado durante los días de incertidumbre.

"Las bendiciones en mi vida tienen que ver con la presencia de Dios. La consciencia de su continua presencia y su gran amor por mí me sostienen. No es un amor que merezca, sino un amor que Él prodiga abundantemente sobre mí. Es un amor que mantiene mi perspectiva en el cielo. Él me ha levantado por sobre mis circunstancias. A lo largo de todo este proceso, los versículos de su Palabra han cobrado vida. Su promesa de que nunca me dejará ni me abandonará ha sido un bálsamo (He. 13:5; Is. 43:2-3). El Salmo 145:18-19 dice que Él está cerca de todos los que invocan su nombre, y que Él cumplirá mi deseo y escuchará mi clamor. Sé que puedo confiar en sus promesas porque el Salmo 145:13 dice que "el Señor siempre cumple sus promesas; es bondadoso en todo lo que hace" (NTV). En Isaías 41:10 y 13, Él me asegura que me fortalecerá y me ayudará y me sustentará con la diestra de su justicia. Yo no tengo ni siquiera que extender mi mano. Él me sostiene de la mano y me dice que no tema. Hace años que conozco estos versículos, pero ahora son más personales para mí, porque el Señor me habla a través de ellos. Y lo hace porque me ama y quiere ayudarme a terminar bien".

Mira a Jesús como el premio

Helena dice: "La respuesta de Dios para mí es que Él es suficiente tanto para mí como para mis seres amados. El Salmo 16:11 dice: 'Me mostrarás la senda de la vida; en tu presencia hay plenitud de gozo; delicias a tu diestra para siempre'. La vida de este lado de la eternidad no es el premio. ¡*Jesús* es el premio! Jesús me está mostrando cómo atravesar el valle de sombra y de muerte a la luz de su presencia. Y he aprendido que donde hay sombras, hay una luz".

Cuando la meta de nuestra vida es el éxito o alcanzar un sueño o tener algo que deseamos mucho, nuestra felicidad podría estar supeditada al hecho de recibir o no lo que valoramos. Pero si *Jesús* es nuestro premio, Dios nos asegura en su Palabra que recibiremos ese premio que estamos anhelando: "me buscaréis y me hallaréis, porque me buscaréis de todo vuestro corazón" (Jer. 29:13).

Ha llegado tu turno

Ahora te toca a ti. Has leído sobre cómo Helena alaba a Dios a pesar de una enfermedad que está causando estragos en su cuerpo. Has leído sobre cómo Pamela sigue buscando a Dios como el dador de las bendiciones a pesar de lo que podría dejarle un sabor amargo en su vida. ¿Y tú? ¿Cómo seguirás adelante de tal modo que Dios pueda hacer lo que quiera en tu vida y forjar en ti un legado?

Sigue fiel en la lucha

Lee los siguientes pasajes de las Escrituras, que le dieron aliento a Pamela durante sus luchas, y resalta aquellos que te hablan de

manera personal sobre la necesidad de seguir siendo fiel cuando
en realidad quieres darte por vencida.

Salmos 62:5-8

Alma mía, en Dios solamente reposa,
Porque de él es mi esperanza.
Él solamente es mi roca y mi salvación.
Es mi refugio, no resbalaré.
En Dios está mi salvación y mi gloria;
En Dios está mi roca fuerte, y mi refugio.

Esperad en él en todo tiempo, oh pueblos;
Derramad delante de él vuestro corazón;
Dios es nuestro refugio.

Salmos 118:8

Mejor es confiar en Jehová que confiar en el hombre.

Proverbios 3:5-6

Fíate de Jehová de todo tu corazón, y no te apoyes en
tu propia prudencia.
Reconócelo en todos tus caminos, y él enderezará tus
veredas.

Salmos 130:1-4

De lo profundo, oh Jehová, a ti clamo.
Señor, oye mi voz;
Estén atentos tus oídos
A la voz de mi súplica.

JAH, si mirares a los pecados,
¿Quién, oh Señor, podrá mantenerse?
Pero en ti hay perdón,
Para que seas reverenciado.

Una oración para seguir adelante

Señor,

Quiero ser una mujer que se aferre a ti en todo tiempo, no solo cuando necesito algo de ti. Te pido que me ayudes a no caer en la complacencia en los tiempos de bonanza y que nunca te dé la espalda por el dolor que no entiendo. Quiero agradarte y seguirte siendo fiel en las buenas y en las malas.

Áun no he llegado al nivel de espiritualidad que realmente quiero tener, "pero una cosa hago: olvidando ciertamente lo que queda atrás, y extendiéndome a lo que está delante, prosigo a la meta, al premio del supremo llamamiento de Dios en Cristo Jesús" (Fil. 3:13-14).

Señor dame la fortaleza para seguir adelante en fe confiando en ti.

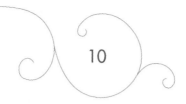

Hacia el futuro

Cuando tu anhelo —o pérdida—
se convierte en un legado

> Y visitó Jehová a Ana, y ella concibió,
> y dio a luz tres hijos y dos hijas. Y el
> joven Samuel crecía delante de Jehová.
>
> 1 Samuel 2:21

Alejandra se llenó de ilusión cuando junto a su esposo descubrieron —el día de su quinto aniversario de casados— que ella estaba embarazada de su segundo hijo.

Con emoción, les contó la novedad a sus padres y sus hermanos durante una reunión familiar. En medio de las felicitaciones y la celebración, ella recuerda sentir cierto recelo de parte de su hermana menor.

"Más tarde me enteré de que ella también estaba embarazada, pero que había estado teniendo complicaciones y los médicos no estaban seguros de que fuera un embarazo viable —explicó Alejandra—. Le di mi apoyo y le dije que estaría orando por ella. Gracias a Dios, los exámenes salieron bien y por algunas semanas ambas estuvimos embarazadas al mismo tiempo con fechas de parto distantes solo por unos días. ¡Fueron días llenos de emoción!".

Y después, fue como si los roles se hubieran invertido. Alejandra empezó a tener complicaciones con su embarazo hasta que terminó con la espantosa llamada de su médico, que le confirmaba que se trataba de un aborto natural.

"Recuerdo pensar: *¿Cómo me puede estar pasando esto?* Aunque había perdido mi embarazo en las primeras semanas, no significaba que no me hubiera encariñado con el bebé, que no hubiera empezado a soñar y a imaginar cómo sería ese bebé —dijo Alejandra—. Parecía irreal cuando sucedió. Nunca piensas que te sucederá a ti".

En ese momento, Alejandra entró en un túnel de dolor profundo y oscuro, que muchas mujeres experimentan después de perder a un bebé en su vientre o a un bebé recién nacido. "Oré a Dios para que se llevara mi dolor. Lloraba en mi automóvil y cuando estaba sola. Lloraba en los momentos de adoración de la iglesia. Les pedía a los demás que oraran por mí. Me llevó un tiempo, pero poco a poco, empecé a sanar".

"El *no* de Dios podría ser simplemente un *espera*".

"Un domingo en particular, durante el servicio de dedicación de un bebé, Dios usó a mi pastor para darme palabras de sanidad. Una pareja que estaba dedicando a su bebé contó que ella había tenido cuatro abortos naturales antes de finalmente dar a luz a ese hijo. Y a pesar de todo, nunca perdió la fe de que un día Dios le daría un bebé. Desde el púlpito, ella contó que había encontrado consuelo en 1 Samuel 1:20:

> A su debido tiempo dio a luz un hijo a quien le puso por nombre Samuel, porque dijo: "Se lo pedí al Señor" (NTV).

"Ese versículo me dio mucha fortaleza también —dijo Alejandra—. El pastor siguió diciendo: 'Sé que algunos de ustedes todavía están pasando por esto. Y quiero que sepan que podrían pensar que Dios les está diciendo que no, pero el *no* de Dios podría ser simplemente un *espera*'".

"Esto me trajo mucho consuelo —siguió diciendo Alejandra—.

Nuestro pastor también dijo que, aunque sepamos que tenemos que esperar, la vida no necesariamente será más fácil y seguiremos sintiendo dolor; *pero, por eso nuestro Dios es el Dios de toda consolación* (ver 2 Co. 1:3)".

"Ese fue el versículo de la Biblia que más me reconfortó durante ese tiempo".

El día que empezó a tener sentido

Dado que la fecha de parto de la hermana de Alejandra era solo a días de cuando hubiera nacido el bebé de Alejandra, ella estaba preocupada por la posibilidad de que tuviera sentimientos encontrados cuando fuera a visitar al bebé de su hermana. "Al menos, esperaba estar embarazada otra vez cuando naciera mi pequeño sobrino. Pero Dios dijo: "No, debes esperar"".

Cuando Alejandra recibió el llamado de su hermana con la noticia de que había nacido el bebé, ella y su esposo condujeron dos horas para conocer al nuevo integrante de la familia.

"Mi esposo sostuvo mi mano durante el viaje y me preguntó si estaba bien. Le dije que sí, y realmente lo estaba. Fue increíblemente especial y una alegría conocer a la pequeña Catalina, la primera bebé de mi hermana. Ese día, cuando me fui del hospital, me sentí bien y tenía la esperanza de que un día Dios finalmente diría que sí al deseo de mi corazón de tener otro bebé".

Aquella noche, después de llegar a su hogar, Alejandra recibió un correo electrónico de su mejor amiga, Karen. Karen le había dicho que tenía una nueva amiga llamada Estefanía, que vivía en otro estado y que acababa de tener un aborto natural. Karen le había pedido a Alejandra que se contactara con Estefanía para darle algunas palabras de aliento.

"Pensé que era muy sorprendente que me pidieran esto justo en *este* día, el mismo día que conocí a la nueva bebé de mi hermana. No estaba segura de cómo podría responder debido a la pérdida que había experimentado. Y fue el mismo día que Dios me confirmó que había sanado mi corazón de esa pérdida por la manera que reaccioné al nacimiento de la nueva bebé de mi hermana".

Alejandra se levantó a primera hora de la mañana para escribirle un correo electrónico a Estefanía, a quien no conocía. En la línea que especificaba el asunto, escribió: "Estás en mis oraciones".

… Así que ahora, ocho meses después, siento en mi corazón que un día el Señor me dará un segundo hijo. Seguiré esperando pacientemente que Él cumpla este deseo de mi corazón, como hizo con nuestro primer hijo. Confío que sucederá cuando sea la voluntad de Dios. Siento como si Él estuviera "elaborando" un testimonio en mí, pero todavía no sé cómo terminará. Además, no creo que sea una simple coincidencia que hoy esté recibiendo este correo electrónico. Me gusta pensar en las coincidencias como momentos dispuestos por Dios. Hoy, fui tía por primera vez y conocí a mi sobrina en el hospital. Después de perder a mi bebé, no estaba segura de la mezcla de emociones que podría sentir al conocer a mi sobrina, ya que la bebé de mi hermana llegó cerca de la fecha en la que hubiera nacido mi bebé. Pero hoy fue increíblemente especial. Durante los últimos meses, había estado esperando quedar embarazada otra vez para cuando naciera mi sobrina, porque no sabía si estaría completamente sana de la experiencia que había atravesado.

No estoy embarazada… pero la misma visita feliz y alegre al hospital hoy me mostró que Dios me ha sanado y me ha dado mucha fortaleza. Y sé, Estefanía, que *Él hará lo mismo por ti*, porque Él es "Padre de misericordias y Dios de toda consolación" (2 Co. 1:3).

"Y ahí es cuando caí en la cuenta —dijo Alejandra—. Había sacado mi Biblia para asegurarme de citar correctamente 2 Corintios 1:3, y el siguiente versículo llamó mi atención. No lo había notado antes, pero aquella noche era como si estuviera escrito en letra grande y en negritas especialmente para mí. Entre lágrimas, leí la última parte de 2 Corintios 1:3 y el versículo siguiente una y otra vez: '…Dios de toda consolación, *el cual nos consuela en todas nuestras tribulaciones, para que podamos también nosotros consolar a los que están en cualquier tribulación, por medio de la consolación con que nosotros somos consolados por Dios*'".

"No pude contener mis lágrimas de gozo y risa —exclamó Alejandra—. Tuve uno de esos momentos de Dios personales y asombrosos, que solo surgen de experimentar dolor y luego su admirable toque sanador. Después me di cuenta de que, tal vez, en la infinita sabiduría de Dios, Él había decidido que todavía no quedara embarazada para que pudiera ver que había sido sanada del dolor de mi pérdida".

Cinco meses después que Alejandra enviara ese correo electrónico a Estefanía, se enteró de que estaba embarazada otra vez. Nueve meses más tarde dio a luz a Esteban, un varoncito saludable.

"Mi mejor amiga Karen dio a luz a su segundo varón once días después que yo, lo cual también le había pedido a Dios ('Si no puedo quedar embarazada junto con mi hermana, ¿puedo quedar embarazada al mismo tiempo que mi mejor amiga Karen?'); y Estefanía dio a luz a su cuarto hijo dos semanas después que Karen. ¡Dios es muy bueno!".

Dios vio las lágrimas que Alejandra derramó cuando le dijo "Espera" y ella lo entendió como un "No". Y vio su fidelidad al confiar en Él aun sin recibir lo que le había pedido. Hoy, Él ve su gozo —y escucha su alabanza— cuando consuela y alienta a otros gracias al dolor que Él le ayudó a superar. Y en la eternidad, tal vez tú y yo veamos vislumbres de cómo Dios transformó nuestras pérdidas en un legado.

Mira hacia delante

¿Qué pasaría si, cuando cada una de nosotras sufrimos una pérdida, tuviéramos nuestra mirada en el legado que Dios quiere darnos a raíz de esa pérdida? ¿Qué pasaría si cuando confesamos nuestros anhelos, buscamos la manera de que Dios los use para el bien de nuestras vidas y de la vida de otros?

Si tú y yo mantenemos nuestra mirada hacia delante, en vez de bajar la vista para mirar nuestras decepciones, tal vez veamos que Dios ya está usando nuestro dolor para producir algo duradero en nuestra vida y en la vida de otros.

Helena, cuya historia relaté en el capítulo 9, tiene una legítima preocupación por la posibilidad de morirse y dejar a su hija adolescente sin una madre que la acompañe hasta hacerse mujer. Y, sin embargo, Helena dice: "Dios ha cambiado mi oración, y en vez de pedir más años de vida ahora pido una muerte digna. Quiero que mis seres amados vean la realidad de Dios en mi vida sea cual sea el proceso. Quiero tener una muerte digna e inspirar a otros a vivir bien y a amar a Dios de la misma manera".

Y Helena ya está dejando un legado. Hace poco su hija le dijo: "Mamá, espero que cuando me esté por morir, pueda enfrentar la muerte como tú".

"Eso me hizo sentir que todo esto ha valido la pena", dijo Helena.

Confiar sin ver

Todas vivimos con la esperanza de que algún día nuestras lágrimas hayan valido la pena. Alejandra pudo verlo en sus palabras de aliento para la amiga de una amiga. Helena está empezando a verlo en la reacción de su hija hacia su enfermedad. Pero es difícil cuando tú y yo todavía no lo podemos ver. Allí es cuando entra en juego nuestra confianza.

Vuelve a ver junto a mí a algunas de las mujeres que hemos conocido en este libro. Han tenido que confiar en Dios a ciegas y, sin embargo, ahora están empezando a ver que Dios está forjando un legado en sus vidas y, en algunos casos, en la vida de aquellos que aman.

Un legado de confianza

Lisa, la joven novia del capítulo 1 que fue abandonada al comienzo de su matrimonio (y su embarazo), solo podía ver incertidumbre y adversidades financieras por delante de ella. Pero Dios vio a una joven mujer que estaba dispuesta a rendirle su hijo, al igual que Ana. La historia de Lisa aún no ha terminado. Dios está empezando a hacer algo en su vida y en la vida de su pequeño Samuel.

Justo ayer, recibí un correo electrónico de Lisa, junto a una foto de ella con su hijo. En su correo decía: "Samuel ya tiene un mes, y no he vuelto a saber nada de mi esposo. Pero Dios no ha dejado de ser fiel con nosotros y me siento más bendecida ahora, de lo que me he sentido en toda mi vida".

"Estaba orando esta mañana, y le preguntaba a Dios por qué mi esposo no ha venido a verme, por qué no ha llamado, y Dios me dijo exactamente lo que necesitaba oír para tener la seguridad de que Él tiene el control de mi vida. Me dijo que, en este momento, Él nos está protegiendo a Samuel y a mí, y que tengo que confiar en Él y enfocarme en criar a Samuel para el Señor. Todo lo demás se ordenará de la manera y en el momento que Dios lo determine".

¡Qué rendición! Qué gran legado tendrá este pequeño niño con una madre que ahora sabe, al comienzo de su pequeña vida, que Dios está en el trono y que tiene el control de todas las cosas.

Un legado de fe

Alina (del capítulo 2), quien vio cómo el cáncer se llevaba la vida de su esposo y que desde entonces le ha rendido al Señor su propio tumor cerebral, a menudo piensa qué dejará atrás como un legado y testimonio de fe.

"Quiero que mi familia y mis hijos vean a Dios escrito en toda mi vida —dijo ella—. Quiero que sepan que, en todo momento, Dios puede darnos tranquilidad y sostenernos en cualquier situación de la vida. Ellos no lo saben. Pero quiero que vean en mí cómo Dios hizo exactamente eso, para que sepan que *hay* un Dios y que Él es quien nos sustenta y nos da esperanza y fortaleza".

Un legado de gracia

Gabriela, del capítulo 4, quien perdió a mujeres que amaba —una tras otra en un lapso de pocos años— adquirió un corazón tierno y la capacidad de ministrar a otras mujeres de manera más eficaz ahora que ha atravesado el valle del quebrantamiento.

Y Katia, que luchaba con la adicción de su esposo a la pornografía, aprendió a causa de su situación que "por cuanto todos pecaron... están destituidos de la gloria de Dios" (Ro. 3:23), y ahora tiene un mejor entendimiento de la gracia y del perdón de Dios por todos. Además, ella y su esposo han visto a Dios fortalecer el vínculo entre ellos, porque fueron sinceros uno con el otro y confiaron que Dios les ayudaría a sacar adelante su matrimonio.

Un legado de compasión

Cuando Dios se llevó al esposo de Amanda, un día de primavera mientras estaba trabajando en la iglesia (capítulo 5), ese incidente parecía casi cruel y calculador. Pero, aun así, Dios tenía el control sobre todo y, al parecer, quería conmover a toda una iglesia, atraer a la esposa de un pastor a una intimidad más profunda con Él y hacer que una pequeña niña, como Belén, tuviera una compasión poco común en otros niños de su edad.

Cuando hace poco le pregunté a Amanda qué bendiciones ha recibido de su situación, me habló de la sensibilidad de su hija y de su bondad hacia otros; algo que ella cree que Belén obtuvo a través de la pérdida de su padre.

"Veo a una niña que, a los tres años y medio de edad, puede identificarse emocionalmente con los demás. Un par de personas de nuestra iglesia sufrieron la muerte de sus padres; fue muy dulce en particular la conversación que tuvo una de ellas con Belén. Belén miró a Laura y le dijo:

—Laura, tú extrañas a tu papi, ¿verdad?

—Sí, Belén, lo extraño.

—Laura, está bien llorar. Está bien estar triste. Está bien extrañar a tu papá —dijo entonces Belén.

"Es admirable ver a una pequeña niña expresar con tanta elocuencia y claridad lo que piensa. Creo que uno de los legados que han surgido de lo que nos pasó es la pasión de Belén por los demás, al percibir su estado emocional y saber lo que están sintiendo. Ella abraza a alguien cuando siente que lo necesita y sonríe cuando ve que alguien necesita aliento".

"Sé que ella será un instrumento útil. Una perfecta combinación de amor y determinación. Quiero cultivar eso y ayudarla a convertirse en la mujer que Dios quiere que sea".

Un legado de servicio a otros

Catalina, del capítulo 8, quien perdió a su hijo por un presunto suicidio, dice: "Obviamente, Dios no me devolverá a mi hijo, pero me asegura que un día veré a Donald en el cielo. Siento que Él tiene un plan para mí en todo esto, aunque no estoy segura de cuál es. Tal vez sea ayudar a otros padres que sufran la pérdida de un hijo. Si se determina que mi hijo realmente se suicidó, lo cual estoy tratando de aceptar, podría ayudar a otros sobrevivientes de un suicidio".

"Las pequeñas cosas que hacemos todos los días de nuestra vida, al interactuar con otras personas, hablar de la Palabra de Dios y vivir una vida de testimonio, son de influencia en la vida de otras personas y ni siquiera lo sabemos", dijo Catalina. Ella vio esto en la vida de su hijo cuando más de 500 personas asistieron a su funeral y mucho de ellos le dijeron que él había influenciado sus vidas. "Donald fue de influencia en la vida de otras personas. Su muerte realmente ha cambiado la vida de muchos jóvenes amigos de su universidad". Y ahora ella está viendo cómo *su* propia vida, a través de la muerte de su hijo, también puede afectar positivamente la vida de otros.

Un legado de enseñanza

En el capítulo 9, vimos las experiencias que han ayudado a Pamela a forjar su fe, incluso al tener que cuidar día y noche a Noemí, su hija menor, quien sufrió un daño cerebral en un accidente automovilístico cuando apenas tenía 17 años.

"Con el paso de los años, Dios ha desarrollado mi fe. Aunque mi corazón estaba lleno de maravillosas lecciones para enseñar a otros, no me sentía segura para ponerme delante de una clase y enseñar o hablar. Anhelaba desesperadamente que el Señor me usara, pero no sabía cómo hablar con otros. Dios me abrió una puerta para ministrar después del accidente de Noemí, a través de *Caring Bridge* [un sitio de Internet en inglés en el cual ella puede escribir e informar cómo va evolucionando Noemí, así como sus pensamientos, oraciones y reflexiones sobre lo que Dios está haciendo a través de ella en todo lo que está atravesando]. Dios tomó todo lo que estaba en mi corazón y en mi mente y me permitió plasmarlos en las páginas del diario de *Caring Bridge*. Lo que no podía hacer externamente con mi boca, lo pude hacer por medio de palabras escritas. Doy gracias al Señor Jesús y lo alabo por la manera en que me ha usado para su gloria en los últimos cuatro años. La vida sigue siendo dura y mi hija sigue necesitando de mi cuidado 24 horas al día, pero puedo ver la mano de Dios continuamente al usar mi vida y la vida de mi hija para ayudar a otros en su fe".

Pamela me contó emocionada sobre su último proyecto de ministerio con Noemí. "Acabo de terminar un folleto con algunas historias de la vida de Noemí y de mi vida. Imprimimos algunas copias ayer y Noemí estaba muy entusiasmada de poder repartir unos treinta esta noche para Halloween. ¡Gloria a Dios! Él nos ha bendecido con una gran oportunidad de predicar su Palabra".

Dios sabía que podrías soportarlo

Cuando Dios le pidió a Abraham que estuviera dispuesto a ser obediente a Él hasta el grado de sacrificar a su único hijo, Dios ya sabía que Abraham pasaría la prueba.

Sea lo que sea que hayas perdido hasta este momento, sea lo que sea que sientas que estás perdiendo ahora, Dios ya lo vio con antelación. Y, amiga mía, Él no lo permitió para ver si te rendirías y le obedecerías. Él lo permitió, porque *sabía* que finalmente te rendirías a Él. Dios tiene en cuenta que tú eres tan solo polvo. Y te

Dios te ayudará a perseverar en todo aquello que Él te pida.

ayudará a perseverar en todo aquello que Él te pida. Él vio que podrías superar esta situación con Él, y sabía que habría lágrimas. Pero también sabía qué era necesario para desarrollar en ti la mujer en la cual forjar un legado.

Estoy segura de que Ana, cuya historia de vida hemos estado analizando detenidamente a lo largo de este libro, no pensaba en términos de un legado cuando estaba enfrentando la decepción y la frustración de tratar de tener un hijo. Es posible que solo veía sus lágrimas, su carencia, su dolor. Pero Dios tomó a esta mujer estéril, que estuvo dispuesta a rendir a Dios a su hijo tan esperado, y forjó un legado en su vida *y* la vida de su hijo.

Una última mirada a Ana

Espero que, a estas alturas, te sientas identificada con Ana. Has visto sus lágrimas y has sentido su dolor cuando clamaba a Dios y cuando, al recibir lo que quería, se lo devolvió a Dios y confió en Él todos los días de su vida. Y Dios honró la confianza de Ana. Vimos en el último capítulo que Samuel crecía en estatura y gracia con Dios y con los hombres —aun en medio de la insensatez y la impiedad de la casa de Elí— de la misma manera que Jesús, el Hijo de Dios, creció y maduró. ¿Estás convencida de que Dios se encarga de lo que le entregamos a Él mejor que si lo hiciéramos nosotras mismas? Tal vez, si hubiera formado parte del grupo familiar junto a los otros hijos de Penina (y quién sabe cuán obstinados podrían haber sido), Samuel nunca habría conocido la dedicación y la reverencia a Dios que llegó a conocer cuando, en cierto modo, estaba solo en la casa de Elí.

Vemos el legado de Samuel en esta historia, y también el de Ana. Un comentarista bíblico dice lo siguiente:

> Samuel creció y llegó a ser el último juez, un profeta sobresaliente y dotado y aquel que ungiría a los dos primeros reyes de Israel. Samuel fue un líder espiritual importante, que hizo volver a la nación a Jehová. Su madre, Ana, jugó su papel en este avivamiento espiritual al confiar en Dios y dejar, para toda la posteridad, un ejemplo de devoción firme como madre.[1]

No subestimes el legado que Ana dejó simplemente al criar a su hijo —en sus primeros años— y educarlo en la honra y obediencia a Dios.

La *Women's Study Bible* [La Biblia de estudio para la mujer] dice: "Aunque el liderazgo que reverenciaba y obedecía a Dios era prácticamente no existente en ese momento de la historia de Israel, Ana fue un ejemplo de reverencia y obediencia a Dios para su hijo Samuel, quien a su vez fue ejemplo de ambas cosas para toda una nación. El ejemplo de la vida de Samuel también fue observado por los dos primeros reyes de Israel".[2]

A través de la *devoción personal* de Ana por Dios, su hijo llegó a ser uno de los más grandes profetas de Israel y ungió al rey más importante de Israel. Y la *obediencia* de Ana a Dios resultó no solo en un legado para una nación, sino también para ella. No puedo dejar de pensar que por medio de la relación personal de Ana con Dios —su comprensión de que Él veía sus lágrimas, que se

---

1. *The Women's Study Bible* (Nashville, TN: Thomas Nelson Publishing, 1995), p. 445.
2. *The Women's Study Bible*, p. 446.

acordaba de ella y que se manifestaría en su vida de una manera poderosa— ella pudo traspasar a su hijo el legado de una vida de reverencia y honra a Dios. Y, sin embargo, si Ana no hubiera experimentado la pérdida en su vida (en los años que anhelaba tener un hijo y era atormentada), evidentemente, no hubiera dejado el legado de lo que ella y su hijo son hoy.

También podemos ver el legado de Ana en su cántico de alabanza a Dios (que vimos en el capítulo 9) tras rendir a su hijo. ¿Te diste cuenta de que ese cántico es parecido al que cantó María de Nazaret muchos siglos después cuando estaba con su parienta Elisabet, poco después que el ángel le dijera que concebiría al tan esperado Mesías (Lc. 1:46-55)? Los estudiosos creen que su jubiloso cántico de alabanza a Dios (que ahora conocemos como el Magníficat) es una imitación de la oración de Ana.[3] Eso implicaría que si una joven judía podía citar la oración de Ana en su momento de sublime alabanza, es probable que muchas otras personas en toda la historia conocieran e incluso repitieran ese cántico. ¡Quién lo hubiera imaginado! La historia de Ana había trascendido y la gente sabía que ella había alabado a Dios a pesar de su sacrificio, aun antes de ser incluido en lo que ahora conocemos como la Biblia.

Como vimos en el capítulo 9, las Escrituras dicen que Ana fue bendecida con cinco hijos más. Y, más importante aún, su historia de fe, oración desesperada a Dios, sacrificio y perseverancia está registrada en las Escrituras. Dios escogió la historia *de Ana* para que sirviera para contar *su* historia.

Yo también quiero que mi historia sirva para contar la historia de Dios. Sé que tú también. La clave es la obediencia, la rendición y la continua confianza.

¿Has pensado alguna vez que las generaciones futuras serán afectadas por tu obediencia presente a Dios o por tu desobediencia o tu fracaso en rendirle toda tu vida a Dios? No vale la pena

---

3. *The Reformation Study Bible* (Orlando: Ligonier Ministries / P & R Publishing Company, 2005), p. 379.

correr el riesgo de esto último. Dios sabe cómo encauzar nuestra vida para nuestro bien eterno. De modo que ríndete a la voluntad de Dios en tu vida.

Tu influencia en la siguiente generación

Hemos leído que Belén, la pequeña hija de Amanda, está empezando a mostrar compasión y comprensión por otros como resultado de lo que ella y su madre han atravesado.

Veamos ahora cómo reaccionó Mary, la hija adolescente de Helena, frente al cáncer de su madre y cómo Dios está desarrollando en ella una intimidad con Él que jamás había conocido:

"Mi primera reacción ante la noticia de que mi mamá tenía cáncer terminal fue: *¿Cómo debe responder a esto una adolescente de 15 años?* Todo lo que podía pensar era: *No llores, Mary, no llores. ¡No tienen que verte llorar!* Bueno, eso me duró solo diez segundos. Después, empecé a llorar. Mi mamá me acariciaba la espalda y me decía que todo iba a estar bien, y que me entendía si yo me enojaba con Dios. *¿Enojarme con Dios?* —pensé—. *¿Por qué me enojaría con Dios?* Por supuesto que estaba confundida y no entendía por qué Dios permitía que una mujer cristiana tan comprometida contrajera cáncer, pero no estaba enojada con Dios. Yo sabía que Él tenía un plan y que tenía todo bajo control. Por eso estaba muy agradecida, porque yo no sabía qué hacer".

"Esa fue probablemente la parte más difícil para mí: no poder hacer nada para que mi mamá mejore. La he visto tan débil, por efecto de la quimioterapia, que no podía hacer la cena ni ayudar en algo a mi papá. He visto a mi mamá postrada en cama tan solo por un pequeño resfrío. La he visto en el hospital por dos semanas y forzada a usar un casco protector, porque su número de plaquetas era muy bajo, y tener que usar una máscara, porque el trasplante de células madre había disminuido tanto su número de glóbulos blancos y rojos, que no tenía defensas contra los gérmenes. En todo esto, me di cuenta de que había una cosa que podía hacer por mi mamá y que nadie más podía hacerlo como yo: la podía hacer reír. A mi mamá le encantan mis ocurrencias (por qué razón, no lo sé). Así que tan pronto me di cuenta de que podía bendecir a mi mamá, me convertí en la reina de los chistes ocurrentes. Mi objetivo del día, cada día, era hacer sonreír a mi mamá. No me importaba si había tenido un día malo en la escuela o si estaba cansada o de mal humor. Todas esas cosas no tienen importancia cuando tu mamá tiene cáncer". [Mary incluso ayudó a su madre a reírse mientras le rapaba la cabeza cuando se le empezó a caer el cabello. Dice que fue su "peor recuerdo"].

"Si un mes antes del diagnóstico de mi mamá me hubieran dicho cómo iba a ser mi vida durante el año y medio siguiente, no lo hubiera creído. Nunca me imaginaba que mi mamá iba a tener cáncer y nunca me imaginé tener que hacer todo lo que tuve que hacer. Pero esta es justamente la idea clave ¿verdad? No *podría* haberlo hecho y no lo hice. Dios lo hizo. En ese año y medio, mi fe creció enormemente. Escuchar de Dios [a través de las Escrituras y de sus circunstancias] se convirtió en algo diario para mí. Yo sabía que Él estaba conmigo, que me guiaba y que me daba energía emocional y física para hacer todo lo que tenía que hacer. Pude y puedo confiar en Él y saber que Él tiene todo bajo control".

"Dios es bueno. Él siempre ha sido bueno y siempre lo será".

"Si hay una cosa que puedo decir en todo esto, es que Dios es bueno. Él siempre ha sido bueno y siempre lo será. Ahora sé por qué Dios ha permitido el cáncer en mi mamá. Ha sido para que ella pudiera contarles su testimonio a otros. ¿Estaría su historia en este libro si esto no hubiera pasado? No. ¿Podría hablarles a cientos de personas de Dios, de cuán asombroso es Él y de cuánto la ha bendecido a través del cáncer? Él le ha dado a mi mamá una historia muy personal y estremecedora, que es muy difícil de ignorar".

Y otra vez tengo que decir que Dios puede contar *su* historia a través de la historia de Helena. Y puede contar su historia a través de Mary y su relato de la historia de su madre. Dios está dejando un legado a través de nuestras lágrimas, nuestras palabras y nuestra declaración de que, a pesar de la pérdida, Él es Dios y es bueno.

Cuando no puedes ver

Tal vez, a estas alturas, estés pensando: *Pero en este momento no puedo ver qué legado está forjando Dios a partir de mi pérdida. Todo lo que puedo ver es dolor.*

Está bien si no puedes verlo. De hecho, Dios no necesita que lo veas o que lo entiendas, ni siquiera que apruebes lo que Él quiere hacer. Él lo hará igual. Y si Él decide que es bueno que tú lo veas, lo verás.

A veces, en su gracia, Dios nos permite ver la influencia que hemos tenido en la vida de otra persona. Y es emocionante cuando eso sucede. Sin embargo, estoy segura de que hay muchos más casos en los cuales Dios no necesariamente nos permite ver lo que está haciendo. Tal vez esa será una de nuestras sorpresas cuando finalmente lleguemos al cielo: ver lo que Él hizo en el reino espiritual con algo tan pequeño como un acto de bondad que tuviste con alguien cuando no te sentías bien, o algo tan grande como una pérdida que soportaste, que te ayudó a ti o a otra persona —o a infinidad de otras personas— a entender quién es Dios. Dios puede tomar cualquier cosa que tú le des y hacer maravillas a través de eso y, a veces, solo a veces, te permite realmente tener la bendición de ver que tuviste una pequeña parte en eso. Dios no está obligado a darnos el mérito de algo. (Principalmente, porque es la obra de su Hijo en nuestra vida la que precisamente nos permite hacer aquello que causó el cambio de corazón en otra persona). Pero Él recompensa a aquellos que le buscan. Y siento que es una manera tierna de recompensarnos: cuando nos deja saber, de vez en cuando, que nuestra obediencia a Él tuvo una influencia positiva en la vida de otra persona.

Transforma la pérdida en un legado

Podría seguir contando historias de cómo Dios ha convertido una pérdida —o un anhelo— en un legado. Pero siento que la próxima historia que necesita ser contada es la tuya.

Por lo tanto, antes que cierres este libro, quiero que recuerdes cómo ponerte en la posición de permitir que Dios transforme tus anhelos —y pérdidas— en un legado.

Cultiva una vida de oración

"La oración no nos capacita para obras mayores; orar es la obra mayor... No oramos para recibir de Dios, oramos para poder conocer a Dios. Cuando pasamos tiempo en su presencia a través de la oración, Él nos cambia, nos hace más semejantes a Él y une nuestro corazón al suyo. No hay mejor vínculo que el vínculo que tenemos con el corazón de Dios en la oración".[4]

Cuando pasas tiempo en la presencia de Dios, Él pondrá en tu corazón cómo orar, a qué estar atenta y dónde Él quiere que estés. Cuando Él te revela estas cosas, te está dirigiendo hacia el cumplimiento del legado que Él ya ha escrito en tu vida.

Considera que tu vida le pertenece a Dios

Cuando te des cuenta de que no tienes derechos propios y que toda tu vida le pertenece a Dios, no te aferrarás a nada de lo que tengas... y Dios no tendrá que forzarte para que le des algo. Preséntate delante de Él cada día con las manos abiertas, dispuesta a darle lo que te pide, dispuesta a recibir de Él lo que Él te dé.

Conságrale tu vida a Dios diariamente

Un legado no se forja de la noche a la mañana. Ni llega de repente a nuestra vida cuando entramos al grandioso plan de Dios. El legado se forja a cada instante, poco a poco, día a día, con cada decisión que tomamos. ¿Basarás cada decisión que tomes en la

---

4. Oswald Chambers, *En pos de lo supremo* (Barcelona: Editorial Clie, 1993), 17 de octubre.

voluntad de Dios o en la tuya? Esto, amiga mía, determinará la naturaleza de tu legado.

Un día a la vez

Micaela, cuya historia de cómo "derramó su alma en oración" abrió el capítulo 4, me contó lo que sucedió justo después de volver a entregarle su corazón y su vida a Cristo. Ella pasó del punto alto de conocer a Dios y su gracia, al punto bajo de recordar que vive en un mundo ¡que a veces claramente apesta!

Lee las palabras sinceras que me escribió poco después sobre lo que Dios estaba empezando a hacer en su vida, y fíjate si puedes detectar el legado que Dios ya está forjando en ella:

"Después de entregar mi vida de nuevo al Señor, enfrenté una prueba. Anoche, alguien robó nuestro cerezo que estaba en frente de nuestra casa. Mi hijo había plantado ese árbol la semana pasada. Era bonito y representaba un nuevo comienzo para mí. Anoche, alrededor de las 11:00 p.m., escuchamos un ruido, como si alguien estuviera queriendo abrir la puerta de nuestro garaje. El ruido nos despertó, pero estaba demasiado cansada para ir a ver qué pasaba, e incluso le dije a mi hijo que parecía que era la puerta del garaje de nuestro vecino. Entonces nos volvimos a dormir tranquilamente. *De todos modos, ¿qué haría si atrapaba a alguien? Nada de lo que tengo es tan valioso que merece la pena arriesgarme a salir lastimada o que me maten.* Cuando mi vecina me envió un mensaje de texto esta mañana y me dijo: '¡Tu árbol no está!', supe que era una prueba para ver cómo iba a reaccionar. Fui a la ventana a ver, y sí, el árbol no estaba. Salí afuera y le pregunté a mi vecina si había visto algo, y luego dije: 'Es triste, pero voy a orar por el que lo haya hecho'".

"Tampoco estaba el tubo que habíamos clavado profundamente en la tierra para sostener y alimentar el árbol. Los ladrones se llevaron el árbol, la tierra que rodeaba sus raíces *y* el tubo ¡y dejaron un rastro de tierra por la alcantarilla de toda la cuadra! De todos modos, cuando llevé a mi hijo a la escuela, él y yo oramos por la persona o las personas que nos robaron. 'No estoy enojada', le dije. Pero ambos estábamos tristes porque él había trabajado en vano y por la pérdida de nuestro árbol de cuarenta dólares. No podíamos entender que alguien se arriesgara a ir a la cárcel por robar algo tan insignificante. Hacía nueve años que queríamos tener un árbol enfrente de nuestra casa y finalmente habíamos comprado uno después de un día divertido de compras en la tienda de árboles. Al menos los ladrones no pudieron entrar a nuestro garaje, y no robaron nada más".

"El incidente alteró mi paz momentáneamente. Estaba preocupada y frustrada por el hecho de que un ladrón hubiera estado tan cerca de la puerta de mi casa y de la habitación de mi hijo mientras dormíamos. Después de pensar qué hacer, decidí plantar otro árbol en el mismo lugar al mes siguiente".

"La Biblia dice que si alguien te pide la camisa, que también le des tu abrigo (Mt. 5:40). Por lo tanto, quizás plante otro frutal, incluso más grande, y deje una nota atada al árbol que diga: 'Obviamente lo necesitas más que yo. Que Dios te bendiga con el fruto que dé'. Desde luego, mi carne quiere agregar una línea que diga: 'Y a propósito, nos rompiste el corazón cuando robaste nuestro cerezo; pero te perdonamos otra vez. ¡Pero, por favor, no vuelvas!'".

Micaela admitió: "Es una prueba, y voy a pasarla con una sonrisa en mi rostro, porque acepto que vivimos en un mundo caído. Y las personas, los lugares y las cosas me van a defraudar, ¡pero no podrán robarme mi tranquilidad! El árbol ya no está, pero va a seguir dando fruto en mí; es decir, el fruto del Espíritu".

La reacción de Micaela al robo de su cerezo mostró quién es ella en Cristo, aun más de lo que se imaginaba. Ella le mostró a su hijo (y a sus amigos de Facebook a quienes les contó esta historia) que su tesoro ahora está en el cielo; no en "la tierra, donde la polilla y el orín corrompen"[5] ni en su jardín, "donde los ladrones irrumpen y hurtan".

---

5. Mateo 6:19.

A cada instante de tu vida

¿Qué sucede día a día en tu vida que pone a prueba tu fortaleza, moldea tu carácter, te recuerda que tú no tienes el control de tu vida y que tu esperanza no está en este mundo? Tu legado —una fe y confianza en Dios pase lo que pase— se forja a cada instante, día a día, cuando descansas en Él al sufrir una decepción, cuando fijas tus ojos en Él al sufrir una pérdida y confías en Él al llorar.

Queremos vivir "a tal nivel de dependencia en Jesucristo que su vida esté siendo manifestada en nosotros a cada instante".[6]

¿Puede Dios contar con *tu* confianza hoy aunque no sepas hacia dónde ir, qué esperar, ni tengas ninguna señal de su bendición abundante... y te despiertes con un hoyo en medio del jardín enfrente de tu casa? Cuando tienes esta clase de confianza, amiga mía, es porque *ya* estás viviendo un legado.

> No hay tal cosa como un accidente o una tragedia, porque Dios tiene el control de todas las cosas.

Sentada con este libro en tus manos, mientras reflexionas en tu vida, las cosas podrían parecer decepcionantes comparadas a lo que te imaginabas, lo que esperabas, lo que alguien te había prometido. Pero te repito que Dios sabe exactamente lo que está haciendo. No hay tal cosa como un accidente o una tragedia, porque Dios tiene el control de todas las cosas.

¿Confiarás en Dios y en el propósito que Él tiene para *tu* vida? Él te está formando y está haciendo de ti una obra de sus manos (Ef. 2:10). Tu tragedia o decepción no lo tomaron a Él por sorpresa. En su omnisciencia y amorosa bondad, Él determinó que a pesar de eso sigas fiel a Él... por alguna razón inexplicable que solo Él conoce, para una gloria insondable reservada solo para Él y para algún gozo inimaginable que algún día será tuyo.

---

6. Chambers, 9 de agosto.

Cambia tus pérdidas en un legado

Es hora de hacer realidad en tu vida lo que has leído en este libro. Pon en oración los pasos siguientes y piensa detenidamente cómo los aplicarás a tu vida para que puedas empezar a forjar hoy tu legado:

Cultiva una vida de oración

¿Cómo es tu vida de oración en este momento? ¿Necesitas ser más disciplinada para no dejar de ver lo que Dios está queriendo mostrarte y revelarte sobre Él mismo? Quizás puedas empezar a escribir un diario personal en el que anotes tus motivos de oración. Es un buen ejercicio escribir tus peticiones de oración y anotar cuándo y cómo Dios las responde. Eso te ayudará a "dialogar" con Dios y también te recordará cada respuesta de Dios.

Considera que tu vida le pertenece a Dios

¿Te sigues aferrando a los anhelos de tu corazón en vez de colocarlos en el altar y rendirlos a Dios? ¿Hay aspectos de tu personalidad que no necesariamente quieres que Él cambie, o ciertos "derechos" en los cuales estás insistiendo o ciertos reclamos a los cuales no estás dispuesta a renunciar? Cuando vayas a Dios y le digas: "Señor, todo lo que soy y todo lo que tengo es tuyo para que hagas lo que quieras", sentirás su paz y empezarás a vivir como Él quiere.

Consagra tu vida a Dios diariamente

Consagrarse a Cristo *debería* ser un acto que realizas una sola vez. Pero a menudo nos descarriamos ¿verdad? O dejamos que nuestro dolor y nuestra frustración se lleven lo mejor de nosotras. En mi vida, consagrarme a Dios diariamente implica decirle cada mañana al despertarme: "Dios, por favor, ocupa tu debido lugar en el trono de mi vida para que cada anhelo que sienta, cada decisión que tome, cada palabra que diga y cada pensamiento que tenga sea tuyo". Resalta esta oración o escribe una oración personal para elevar diariamente a Dios con todo tu corazón.

Una oración para terminar bien

Padre Dios y Dador de toda dádiva perfecta:

Tú me has concedido "dádivas" que no necesariamente quería en mi vida. Pero ahora entiendo que todo lo que has permitido en mi vida es para que recibas toda la gloria. Quiero que me recuerden como alguien que vivió bien, y también quiero sentir tu gozo al rendirme a tu voluntad para mi vida y no a mi propia voluntad. Gracias por darme el privilegio de ser parte de tu plan para hacer que otros te conozcan. Ayúdame a no olvidar nunca que tú has visto mis lágrimas, que tú conoces mi pasado y que sigues escribiendo mi historia —que, al fin y al cabo, es *tu* historia— para que puedas recibir la gloria ahora y siempre.

Apéndices

Cómo saber que eres
una hija de Dios

Aunque todos somos creación de Dios, no todos somos hijos de Dios. Las Escrituras dicen que todos somos pecadores desde que nacimos (Sal. 51:5) y que todos somos, por naturaleza, del diablo, que es padre de mentira (Jn. 8:44). Pero Dios nos ha dado la manera de ser adoptados por Él y ser de Él (Ro. 8:14-17).

Para recibir la limpieza de tus pecados y la salvación en Cristo (y, por lo tanto, ser considerada hija de Dios) debes tener una relación con Jesucristo, el Hijo de Dios, el único puente que puede cerrar la brecha entre tu pecado y un Dios santo. La relación con Dios y esa limpieza empiezan cuando le rindes tu corazón a Él:

1. Admite que eres una pecadora por naturaleza y que no hay nada que puedas hacer por tus propios medios para compensar ese pecado a los ojos de un Dios santo (Ro. 3:23).

2. Acepta el sacrificio que Dios ofrece —la muerte de Jesús, su Hijo justo y sin pecado, por ti en la cruz— para que puedas tener comunión con Él.

3. Empieza una relación de amor con Dios, por medio de Jesús, como una respuesta a su amor y su perdón por ti. (Para saber más sobre cómo desarrollar y mantener una relación íntima con Dios, te recomiendo mi libro *Letting God Meet Your Emotional Needs* [Harvest House Publishers], disponible en inglés en www.StrengthForTheSoul.com).

4. Rinde a Dios tus propios derechos y reconoce los derechos de Dios de cumplir sus planes en tu vida y moldearte, formarte y transformarte conforme a su buena voluntad.

5. Busca un pastor o líder de un ministerio femenino en una iglesia que enseñe la Biblia en tu área o una amiga cristiana de confianza y háblale de tu decisión de rendirle tu vida a Cristo. Ellos orarán por ti y te darán el apoyo y los recursos que necesitas para crecer en tu nueva relación con Jesús.

Consuelo y promesas para el corazón herido

Cuando estás buscando la razón de tu dolor

Porque mis pensamientos no son vuestros pensamientos, ni vuestros caminos mis caminos, dijo Jehová. Como son más altos los cielos que la tierra, así son mis caminos más altos que vuestros caminos, y mis pensamientos más que vuestros pensamientos (Is. 55:8-9).

Palabra de Jehová que vino a Jeremías, diciendo: Levántate y vete a casa del alfarero, y allí te haré oír mis palabras. Y descendí a casa del alfarero, y he aquí que él trabajaba sobre la rueda. Y la vasija de barro que él hacía se echó a perder en su mano; y volvió y la hizo otra vasija, según le pareció mejor hacerla.

Entonces vino a mí palabra de Jehová, diciendo: ¿No podré yo hacer de vosotros como este alfarero, oh casa de Israel? dice Jehová. He aquí que como el barro en la mano del alfarero, así sois vosotros en mi mano, oh casa de Israel (Jer. 18:1-6).

Y sabemos que a los que aman a Dios, todas las cosas les ayudan a bien, esto es, a los que conforme a su propósito son llamados. Porque a los que antes conoció, también los predestinó para que fuesen hechos conformes a la imagen de su Hijo, para que él sea el primogénito entre muchos hermanos (Ro. 8:28-29).

Bendito sea el Dios y Padre de nuestro Señor Jesucristo, Padre de misericordias y Dios de toda consolación, el cual nos consuela en todas nuestras tribulaciones, para que podamos también nosotros consolar a los que están en cualquier tribulación, por medio de la consolación con que nosotros somos consolados por Dios (2 Co. 1:3-4).

Porque esta leve tribulación momentánea produce en noso-tros un cada vez más excelente y eterno peso de gloria; no mirando nosotros las cosas que se ven, sino las que no se ven; pues las cosas que se ven son temporales, pero las que no se ven son eternas (2 Co. 4:17-18).

Hermanos míos, tened por sumo gozo cuando os halléis en diversas pruebas, sabiendo que la prueba de vuestra fe produce paciencia. Mas tenga la paciencia su obra com-pleta, para que seáis perfectos y cabales, sin que os falte cosa alguna (Stg. 1:2-4).

Cuando estás luchando con la culpa y la vergüenza

Mi pecado te declaré, y no encubrí mi iniquidad.
Dije: Confesaré mis transgresiones a Jehová;
Y tú perdonaste la maldad de mi pecado (Sal. 32:5).

Ten piedad de mí, oh Dios, conforme a tu misericordia;
Conforme a la multitud de tus piedades borra mis
    rebeliones.

Lávame más y más de mi maldad,
Y límpiame de mi pecado (Sal. 51:1-2).

Porque tú, Señor, eres bueno y perdonador,
Y grande en misericordia para con todos los que te
invocan (Sal. 86:5).

Cuanto está lejos el oriente del occidente,
Hizo alejar de nosotros nuestras rebeliones (Sal. 103:12).

Examíname, oh Dios, y conoce mi corazón;
Pruébame y conoce mis pensamientos;
Y ve si hay en mí camino de perversidad,
Y guíame en el camino eterno (Sal. 139:23-24).

Yo, yo soy el que borro tus rebeliones por amor de mí
mismo, y no me acordaré de tus pecados (Is. 43:25).

... porque perdonaré la maldad de ellos, y no me acordaré
más de su pecado (Jer. 31:34).

Él volverá a tener misericordia de nosotros; sepultará nuestras iniquidades, y echará en lo profundo del mar todos
nuestros pecados (Mi. 7:19).

Ahora, pues, ninguna condenación hay para los que están
en Cristo Jesús, los que no andan conforme a la carne, sino
conforme al Espíritu. Porque la ley del Espíritu de vida
en Cristo Jesús me ha librado de la ley del pecado y de la
muerte (Ro. 8:1-2).

Si confesamos nuestros pecados, él es fiel y justo para perdonar nuestros pecados, y limpiarnos de toda maldad (1 Jn. 1:9).

... en quien tenemos redención por su sangre, el perdón de
pecados según las riquezas de su gracia (Ef. 1:7).

Cuando necesitas consuelo y liberación de Dios

¿Hay para Dios alguna cosa difícil? (Gn. 18:14).

Esforzaos y cobrad ánimo; no temáis, ni tengáis miedo de ellos, porque Jehová tu Dios es el que va contigo; no te dejará, ni te desamparará (Dt. 31:6).

En paz me acostaré, y asimismo dormiré;
Porque solo tú, Jehová, me haces vivir confiado (Sal. 4:8).

Porque un momento será su ira,
Pero su favor dura toda la vida.
Por la noche durará el lloro,
Y a la mañana vendrá la alegría (Sal. 30:5).

Tú eres mi refugio; me guardarás de la angustia;
Con cánticos de liberación me rodearás (Sal. 32:7).

Muchas son las aflicciones del justo,
Pero de todas ellas le librará Jehová (Sal. 34:19).

Pacientemente esperé a Jehová,
Y se inclinó a mí, y oyó mi clamor.
Y me hizo sacar del pozo de la desesperación, del lodo
    cenagoso;
Puso mis pies sobre peña, y enderezó mis pasos.
Puso luego en mi boca cántico nuevo, alabanza a
    nuestro Dios.
Verán esto muchos, y temerán,
Y confiarán en Jehová (Sal. 40:1-3).

Dios es nuestro amparo y fortaleza,
Nuestro pronto auxilio en las tribulaciones.

Por tanto, no temeremos, aunque la tierra sea removida,
Y se traspasen los montes al corazón del mar;
Aunque bramen y se turben sus aguas,
Y tiemblen los montes a causa de su braveza (Sal. 46:1-3).

Porque tú has sido mi refugio,
Y torre fuerte delante del enemigo (Sal. 61:3).

Esperad en él en todo tiempo, oh pueblos;
Derramad delante de él vuestro corazón;
Dios es nuestro refugio (Sal. 62:8).

El que habita al abrigo del Altísimo morará bajo la
     sombra del Omnipotente.
Diré yo a Jehová: Esperanza mía, y castillo mío;
Mi Dios, en quien confiaré (Sal. 91:1-2).

Mucha paz tienen los que aman tu ley,
Y no hay para ellos tropiezo (Sal. 119:165).

Mi socorro viene de Jehová,
Que hizo los cielos y la tierra.
No dará tu pie al resbaladero,
Ni se dormirá el que te guarda (Sal. 121:2-3).

¿A dónde me iré de tu Espíritu?
¿Y a dónde huiré de tu presencia?
Si subiere a los cielos, allí estás tú;
Y si en el Seol hiciere mi estrado, he aquí, allí tú estás.
Si tomare las alas del alba
Y habitare en el extremo del mar,
Aun allí me guiará tu mano,
Y me asirá tu diestra.
Si dijere: Ciertamente las tinieblas me encubrirán;
Aun la noche resplandecerá alrededor de mí.

Aun las tinieblas no encubren de ti,
Y la noche resplandece como el día;
Lo mismo te son las tinieblas que la luz (Sal. 139:7-12).

Clemente y misericordioso es Jehová,
Lento para la ira, y grande en misericordia.
Bueno es Jehová para con todos,
Y sus misericordias sobre todas sus obras (Sal. 145:8-9).

No temas, porque yo estoy contigo; no desmayes, porque yo soy tu Dios que te esfuerzo; siempre te ayudaré, siempre te sustentaré con la diestra de mi justicia (Is. 41:10).

Cuando pases por las aguas, yo estaré contigo; y si por los ríos, no te anegarán. Cuando pases por el fuego, no te quemarás, ni la llama arderá en ti (Is. 43:2).

Porque los montes se moverán, y los collados temblarán, pero no se apartará de ti mi misericordia, ni el pacto de mi paz se quebrantará, dijo Jehová, el que tiene misericordia de ti (Is. 54:10).

Ninguna arma forjada contra ti prosperará, y condenarás toda lengua que se levante contra ti en juicio. Esta es la herencia de los siervos de Jehová, y su salvación de mí vendrá, dijo Jehová (Is. 54:17).

Jehová se manifestó a mí hace ya mucho tiempo, diciendo: Con amor eterno te he amado; por tanto, te prolongué mi misericordia (Jer. 31:3).

Jehová es bueno, fortaleza en el día de la angustia; y conoce a los que en él confían (Nah. 1:7).

¿Qué, pues, diremos a esto? Si Dios es por nosotros, ¿quién contra nosotros? (Ro. 8:31).

Por lo cual estoy seguro de que ni la muerte, ni la vida, ni ángeles, ni principados, ni potestades, ni lo presente, ni lo por venir, ni lo alto, ni lo profundo, ni ninguna otra cosa creada nos podrá separar del amor de Dios, que es en Cristo Jesús Señor nuestro (Ro. 8:38-39).

Bendito sea el Dios y Padre de nuestro Señor Jesucristo, Padre de misericordias y Dios de toda consolación, el cual nos consuela en todas nuestras tribulaciones, para que podamos también nosotros consolar a los que están en cualquier tribulación, por medio de la consolación con que nosotros somos consolados por Dios (2 Co. 1:3-4).

… porque él dijo: No te desampararé, ni te dejaré (He. 13:5).

Cuando necesitas consuelo de Dios frente a la muerte

Aunque ande en valle de sombra de muerte,
No temeré mal alguno, porque tú estarás conmigo;
Tu vara y tu cayado me infundirán aliento (Sal. 23:4).

Estimada es a los ojos de Jehová la muerte de sus santos (Sal. 116:15).

Al Señor le conmueve profundamente la muerte de sus amados (Sal. 116:15, NTV)

Le dijo Jesús: Yo soy la resurrección y la vida; el que cree en mí, aunque esté muerto, vivirá. Y todo aquel que vive y cree en mí, no morirá eternamente (Jn. 11:25-26).

Y si me fuere y os preparare lugar, vendré otra vez, y os tomaré a mí mismo, para que donde yo estoy, vosotros también estéis (Jn. 14:3).

Cuando necesitas esperanza

Los leoncillos necesitan, y tienen hambre;
Pero los que buscan a Jehová no tendrán falta de ningún
bien (Sal. 34:10).

Deléitate asimismo en Jehová,
Y él te concederá las peticiones de tu corazón (Sal. 37:4).

Porque sol y escudo es Jehová Dios;
Gracia y gloria dará Jehová.
No quitará el bien a los que andan en integridad
(Sal. 84:11).

Sostiene Jehová a todos los que caen,
Y levanta a todos los oprimidos.
Los ojos de todos esperan en ti,
Y tú les das su comida a su tiempo.
Abres tu mano,
Y colmas de bendición a todo ser viviente (Sal. 145:14-16).

…pero los que esperan a Jehová tendrán nuevas fuerzas;
levantarán alas como las águilas; correrán, y no se cansarán;
caminarán, y no se fatigarán (Is. 40:31).

Porque yo sé los pensamientos que tengo acerca de vosotros,
dice Jehová, pensamientos de paz, y no de mal, para daros
el fin que esperáis (Jer. 29:11).

Antes, en todas estas cosas somos más que vencedores por
medio de aquel que nos amó (Ro. 8:37).

Mi Dios, pues, suplirá todo lo que os falta conforme a sus
riquezas en gloria en Cristo Jesús (Fil. 4:19).

Hijitos, vosotros sois de Dios, y los habéis vencido; porque mayor es el que está en vosotros, que el que está en el mundo (1 Jn. 4:4).

Cuando necesitas sanidad

Él sana a los quebrantados de corazón, y venda sus heridas (Sal. 147:3).

Ciertamente llevó él nuestras enfermedades, y sufrió nuestros dolores; y nosotros le tuvimos por azotado, por herido de Dios y abatido. Mas él herido fue por nuestras rebeliones, molido por nuestros pecados; el castigo de nuestra paz fue sobre él, y por su llaga fuimos nosotros curados (Is. 53:4-5).

El Espíritu del Señor está sobre mí,
Por cuanto me ha ungido para dar buenas nuevas a los
    pobres;
Me ha enviado a sanar a los quebrantados de corazón;
A pregonar libertad a los cautivos,
Y vista a los ciegos;
A poner en libertad a los oprimidos (Lc. 4:18).

Cuando necesitas un nuevo comienzo

Crea en mí, oh Dios, un corazón limpio,
Y renueva un espíritu recto dentro de mí.
No me eches de delante de ti,
Y no quites de mí tu santo Espíritu.
Vuélveme el gozo de tu salvación,
Y espíritu noble me sustente (Sal. 51:10-12).

Os daré corazón nuevo, y pondré espíritu nuevo dentro de vosotros; y quitaré de vuestra carne el corazón de piedra, y os daré un corazón de carne (Ez. 36:26).

De modo que si alguno está en Cristo, nueva criatura es; las cosas viejas pasaron; he aquí todas son hechas nuevas (2 Co. 5:17).

Con Cristo estoy juntamente crucificado, y ya no vivo yo, mas vive Cristo en mí; y lo que ahora vivo en la carne, lo vivo en la fe del Hijo de Dios, el cual me amó y se entregó a sí mismo por mí (Gá. 2:20).

Cuando necesitas recordar que Él te ve

Mis huidas tú has contado;
Pon mis lágrimas en tu redoma;
¿No están ellas en tu libro? (Sal. 56:8).

Porque tú formaste mis entrañas;
Tú me hiciste en el vientre de mi madre.
Te alabaré; porque formidables, maravillosas son tus obras;
Estoy maravillado,
Y mi alma lo sabe muy bien.
No fue encubierto de ti mi cuerpo,
Bien que en oculto fui formado,
Y entretejido en lo más profundo de la tierra.
Mi embrión vieron tus ojos,
Y en tu libro estaban escritas todas aquellas cosas
Que fueron luego formadas,
Sin faltar una de ellas.
¡Cuán preciosos me son, oh Dios, tus pensamientos!
¡Cuán grande es la suma de ellos!

Si los enumero, se multiplican más que la arena;
Despierto, y aún estoy contigo (Sal. 139:13-18).

¿Se olvidará la mujer de lo que dio a luz, para dejar de compadecerse del hijo de su vientre? Aunque olvide ella, yo nunca me olvidaré de ti. He aquí que en las palmas de las manos te tengo esculpida; delante de mí están siempre tus muros (Is. 49:15-16).

¿No se venden dos pajarillos por un cuarto? Con todo, ni uno de ellos cae a tierra sin vuestro Padre. Pues aun vuestros cabellos están todos contados. Así que, no temáis; más valéis vosotros que muchos pajarillos (Mt. 10:29-31).

Porque los ojos del Señor están sobre los justos,
Y sus oídos atentos a sus oraciones;
Pero el rostro del Señor está contra aquellos que hacen el
    mal (1 P. 3:12).

Cuando necesitas fortaleza espiritual

…porque las armas de nuestra milicia no son carnales, sino poderosas en Dios para la destrucción de fortalezas, derribando argumentos y toda altivez que se levanta contra el conocimiento de Dios, y llevando cautivo todo pensamiento a la obediencia a Cristo (2 Co. 10:4-5).

Y a Aquel que es poderoso para hacer todas las cosas mucho más abundantemente de lo que pedimos o entendemos, según el poder que actúa en nosotros (Ef. 3:20).

Por lo demás, hermanos míos, fortaleceos en el Señor, y en el poder de su fuerza. Vestíos de toda la armadura de Dios, para que podáis estar firmes contra las asechanzas del diablo. Porque no tenemos lucha contra sangre y carne, sino contra principados, contra potestades, contra los gobernadores de las tinieblas de este siglo, contra huestes espirituales de maldad en las regiones celestes. Por tanto, tomad toda la armadura de Dios, para que podáis resistir en el día malo, y habiendo acabado todo, estar firmes. Estad, pues, firmes, ceñidos vuestros lomos con la verdad, y vestidos con la coraza de justicia, y calzados los pies con el apresto del evangelio de la paz. Sobre todo, tomad el escudo de la fe, con que podáis apagar todos los dardos de fuego del maligno. Y tomad el yelmo de la salvación, y la espada del Espíritu, que es la palabra de Dios; orando en todo tiempo con toda oración y súplica en el Espíritu, y velando en ello con toda perseverancia y súplica por todos los santos (Ef. 6:10-18).

Por nada estéis afanosos, sino sean conocidas vuestras peticiones delante de Dios en toda oración y ruego, con acción de gracias. Y la paz de Dios, que sobrepasa todo entendimiento, guardará vuestros corazones y vuestros pensamientos en Cristo Jesús (Fil. 4:6-7).

Por lo demás, hermanos, todo lo que es verdadero, todo lo honesto, todo lo justo, todo lo puro, todo lo amable, todo lo que es de buen nombre; si hay virtud alguna, si algo digno de alabanza, en esto pensad (Fil. 4:8).

Todo lo puedo en Cristo que me fortalece (Fil. 4:13).

INCLUYE PREGUNTAS DE ESTUDIO

Cuando una *mujer* se 'siente sola

ENCUENTRA FORTALEZA
Y ESPERANZA EN TU VIDA

CINDI McMENAMIN

Toda mujer —sin importar sus circunstancias, o si es soltera o casada—, ha caminado por el desierto de la soledad. Sin embargo, estos "tiempos a solas" son momentos especiales de oportunidad que Dios utiliza para invitar a sus hijos a profundizar su relación con Él.

Cuando una mujer se siente sola ayudará a las lectoras a convertir sus épocas de soledad en encuentros significativos con Dios, el cual se preocupa por ellas más de lo que piensan.

EDITORIAL
PORTAVOZ

NUESTRA VISIÓN

Maximizar el efecto de recursos cristianos de calidad que transforman vidas.

NUESTRA MISIÓN

Desarrollar y distribuir productos de calidad —con integridad y excelencia—, desde una perspectiva bíblica y confiable, que animen a las personas a conocer y servir a Jesucristo.

NUESTROS VALORES

Nuestros valores se encuentran fundamentados en la Biblia, fuente de toda verdad para hoy y para siempre. Nosotros ponemos en práctica estas verdades bíblicas como fundamento para las decisiones, normas y productos de nuestra compañía.

Valoramos la excelencia y la calidad
Valoramos la integridad y la confianza
Valoramos el mérito y la dignidad de los individuos y las relaciones
Valoramos el servicio
Valoramos la administración de los recursos

Para más información acerca de nuestra editorial y los productos que publicamos visite nuestra página en la red: www.portavoz.com